알기 쉬운

보험·연금 수리학

김호균 · 성주호

Fundamentals
of Actuarial
Mathematics

法 文 社

Preface 머리말

금융관련 종사자 그리고 대학생으로부터 자주 접하는 요청 사항 중 하나가 "아주 알기 쉬운 보험계리 관련 개론" 서적이 있으면 소개해 달라는 부탁이었다. 그래서 이 책은 보험계리학(actuarial science)에 입문하는 대학생, 금융업종에 종사하는 전문가 그리고 (국민, 사학, 공무원)연금공단에 근무하는 전문가로서 보험수리학과 연금수리학 등을 처음으로 접하는 사람들이 큰 어려움 없이 개념을 이해할 수 있도록 만들었다.

따라서 신문기사 등 시사적인 내용으로 문제를 제기하고 이론은 뒤로 배치하는 귀납적 구성을 택하였다. 일상에서 쓰는 표현 혹은 다른 학문에서 통용되는 용어를 최대한 사용하려고 노력하였고, 수식이나 미지수 대신에 글과 삽화, 도해 등을 활용하여 개념을 최대한 쉽게 이해할 수 있도록 구성하였다.

보험수리학 및 연금수리학은 수리통계학, 확률론, 금융공학 등에 근거하여 발전하고 있지만, 본서는 구체적 개념이라고 할지라도 가능한 쉬운 표현으로 기술하려고 노력하였다. 특히, 수리적으로 보완 설명이 필요한 부분은 본문에서 음영 box로 처리하였고 초보자의 경우는 이 부분을 건너뛰어도 상관없다. 그러나 누구나 두 번째 읽을 때는 큰 어려움 없이 이해할 수 있는 수준임을 밝혀둔다. 그리고 보험계리사를 준비하는 수험생이라면 꼭 필요한 핵심적인 내용이어서 숙지하고 간다면 큰 도움이 될 것이다.

본서는 7개 장과 부록으로 구성되어 있다.

제1장에서는 보험계리학, 연금수리학 및 금융수학에서 반드시 알아야 할 이자의 개념, 이자율의 표현, 화폐의 시간가치와 확정연금 등 이자론의 기초 개념을 설명하였다.

제2장에서는 위험률을 다루고 있다. 생명표와 생존확률 등을 설명하고 기대여명 등을 소개하였다.

제3장은 생명보험 상품을 통해서 수지상등의 원칙 등 기본적인 보험수리학의 개념을 설명하였다.

제4장은 우리나라의 연금제도 개요와 함께 연금의 개념과 연금수리학의 기초 이론을 설명하였다.

제5장은 보험료와 책임준비금의 개념과 함께 제3장과 제4장을 바탕으로 한 산출 방법을 제시하고, 확정급여형 연금제도의 부담금과 연금채무에 대하여 설명하였다.

제6장은 책임준비금 평가와 관련된 보험회사의 지급능력과 2022년에 시행될 예정인 IFRS17의 내용 및 쟁점 사항들을 소개하였다.

제7장은 해약환급금 관련 쟁점과 보험상품 규제 등의 이슈를 다루었다.

그리고, 부록에선 보험계리사의 업무와 역할 등을 한국보험계리사 홈페이지에 소개된 내용을 중심으로 소개하고, 본서에서 언급된 국제계리기호를 일목요연하게 정리하였다.

1장부터 7장까지 각 장이 끝날 때마다 본문을 간단히 요약하였고, 연습문제를 통해 개념을 확인할 수 있도록 구성하였다.

이 책에 담겨있는 내용들은 방대한 보험수리학, 연금수리학, 수리통계학, 미적분학, 보험경제학, 연금재무학 등을 기반으로 하고 있어서 어디까지가 저자의 생각인지 구분하기 어려운 경우들이 있어서 원출처를 분명히 표시하지 못한 부분들이 다소 있음을 밝혀둔다. 또한 입문서를 발간한다는 점에 초점을 두고 있어 까다로운 증명 등은 생략하였다.

이 책이 나오기까지 많은 분들의 도움이 있었다. 이 책을 쓰도록 영감을 불어넣어 준 경희대학교 경영대학 연금금융 전공 석·박사 모든 분들과 성균관대학교 대학원 보험계리학과 학생들에게도 깊은 감사를 드린다. 아울러 까다로운 교정과정을 묵묵히 수행해 주신 법문사 임직원 모든 분께도 감사드린다. 마지막으로 내 삶의 꿈이 되어 주고 힘이 되어 준 가족들에게 고마움을 전한다.

2019. 12.

저자 일동

Contents 차 례

제3장　생명보험

Contents 차 례

제6장　지급능력과 IFRS17

Contents 차 례

제1장

이 자 론

○ 금리와 물가
○ 이자율과 수익률

> ### 제1절 금리와 물가

1. 이자와 이자율

(1) 화폐의 시간적 가치

남미 국가인 베네수엘라는 현금 1만 Bolivar(베네수엘라 화폐단위)를 주고 살 수 있는 물건을 신용카드로 사려면 4만 Bolivar를 주어야 살 수 있다고 한다. 왜 동일 물건을 동일 시점에 구입하는데 신용카드로 살 때 현금보다 4배나 더 비싸게 주고 사야 하는 걸까?

여러 가지 이유가 있겠지만, 주된 이유는 상인 입장에서 신용카드로 물건 값을 결제하면 신용카드회사로부터 나중에 현금을 받게 되고 그때쯤이면 이미 물건 값이 4배 이상으로 올라가 있을 것이라고 생각하기 때문일 것이다. 이와 같이 현재의 돈(원금)은 시간이 경과함에 따라 그 가치는 달리 평가되어야 한다. 베네수엘라와 같은 극단적인 상황에서뿐만 아니라 우리 일상생활에서도 시간이 흐르면 물가가 올라서, 그리고 시간이 흐르면 빌려 준 원금을 돌려받을 가능성이 낮아서 등과 같이 돈의 가치가 떨어지는 일은 흔히 발생한다.

그렇다면 현재 가지고 있는 돈의 가치를 미래에 대해서도 동일하게 유지하는 방법은 무엇인가? 바로 이자(interest)를 받는 것이다.

돈을 빌린 사람(대출자)은 자금(capital)을 약정한 기간 동안 빌려 준 사람(대여자)에게 대가(reward)를 지불하여야 한다(이를 대출이자 혹은 차입이자라고 함). 반면에 대여자에게 자금을 제공한 사람은 자금을 사용하게 해준 데에 보상(이를 예금이자 혹은 대여이자라고 함)을 받는다. 이렇게 자금을 사용한 대가를 이자라고 한다. 실제로 우리는 은행을 중심으로 대출이자를 지급하고 필요한 자금을 빌려 쓰기도 하고 예금이자를 받고 여유 자금을 은행에 예입하기도 한다.

만약 우리가 은행에 예금하지 않으면 이 돈으로 식사를 하거나 쇼핑을 하는 등의 현재 소비를 통해 만족감을 극대화시킬 수 있을 것이다. 따라서 이자는 현재의 화폐가치와 미래의 화폐가치를 동일하게 유지하게 하는 중간적 가치라고 볼 수 있다.[1]

즉, 보편적으로 돈의 가치는 시간이 흐르면 떨어지게 되므로 그 가치를 미래에 대해서도 유지시켜주는 역할을 하는 것이 이자이다. 그래서 이자를 화폐의 시간적 가치(time value of money)라고 한다. 은행에 100만원을 예금하고 1년 후에 102만원을 받을 경우 오늘 100만원의 가치와 미래 102만원이 가치를 동일하게 연결하는 것은 발생한 이자 2만원이다. 다시 말해 이자 2만원은 원금 100만원에 대해 1년 동안 은행이 사용한 원금에 대한 시간적 가치이다. 이 경우 연 예금이자율은 예금원금에 대한 예금이자의 비율(즉, $\frac{2만원}{100만원} = \frac{2}{100} = 2\%$)로 정의된다.

이상의 설명을 화폐의 시간적 가치 관점에서 간략히 요약하면,

- 우리는 예금액 100만원 그리고 연 예금이자 2%에 대해, 현재가치(PV, present value)는 100만원이고, 미래가치(FV, future value)는 102만원이라고 말한다. 현재가치 100만원과 미래가치 102만원은 예금이자 2만원(혹은 예금이자율 2%)에 의해 서로 같다. 즉,
- 현재가치 100만원(즉, 원금 100만원)에 대한 미래가치
  : $100\,만원 \times (1 + 2\%) = 100\,만원 + 2만원 = 102\,만원$
- 미래가치 102만원에 대한 현재가치
  : $\frac{102\,만원}{1 + 2\%} = 102만원 - 2만원 = 100만원$

이를 그림으로 나타내면 다음과 같다.

---

1) 경제주체들이 현재의 화폐(자금)를 선호하는데 이를 유동성선호(liquidity preference)라고 한다. 이러한 선호의 원인은 미래의 소비보다 현재의 소비를 좋아하는 시간선호(time preference), 현재화폐 대신 미래화폐를 획득하는 경우 발생하는 기회비용(opportunity cost), 화폐의 가치를 하락시키는 물가상승(inflation), 미래의 불확실한 현금흐름에 대한 회피 등으로 설명된다.

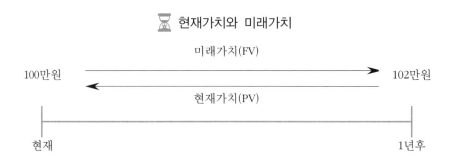

현재가치와 미래가치는 서로를 일컫는 상대적 개념이다. 미래가치는 현재가치에 이자가 더해져서 산출되는데, 이를 흔히 현재의 원금에 이자가 부리(accumulating)되어 계산된다고 말한다. 반면에 미래가치에 대한 현재가치는 발생된 이자를 제외하여 구하는데, 이 경우에는 미래가치를 할인(discounting)하여 현재가치를 구한다고 말한다.

(2) 금리

금융시장에서 사용되는 금리[2]는 특정금융거래시장(회사채, 국공채, 주택담보대출 등의 거래가 이루어지는 시장)에 적용되는 시장금리(market interest rate)를 말한다. 시장금리는 해당 금융거래에서 수요자가 요구하는 금리수준과 공급자가 제공할 수 있는 금리 수준의 균형점에서 결정된다. 예를 들어, 지금 현재 회사채 시장에서 회사채 금리가 3%라고 하면, 회사채 수요자(즉, 투자자)는 최소한 3%의 금리(즉, 투자수익률)를 요구하는 반면에 회사채를 제공하는 기업은 최대 3%의 금리(즉, 자본비용)를 제공할 수 있는 거래가 성사되었음을 의미한다. 따라서 기업에게 자금을 공급하

---

2) 이자율은 기준금리와 시장금리로 나눌 수 있다. 기준금리는 한국은행이 결정하는 정책금리인데, 이 기준금리가 변동되면 금융시장의 단기금리와 장기금리가 같은 방향으로 움직이게 되어 실물경제 활동에 영향을 미치게 된다. 각 금융기관은 이 기준금리를 기준으로 각각의 이자율을 정한다. 시장금리는 1년 미만의 단기자금을 대상으로 거래하는 단기이자율과 1년 이상의 장기자금을 대상으로 거래하는 장기이자율이 있다. 콜이자율, 환매조건부채권(RP) 수익률, 양도성예금증서(CD) 수익률 등이 대표적인 단기이자율이다.

고 또는 필요한 자금을 마련하는 일련의 과정 속에서 적용되는 이자율
개념이다.

일상생활에서 은행이 필요한 자금을 마련하는 대표적 이자율이 예금
금리이고 마련된 자금을 필요한 사람에게 제공하는 대표적 이자율이 대
출금리이다. 은행수익의 대부분을 차지하는 예대마진(spread)은 "대출금
리−예금금리"로 산출된다. 제공하는 혹은 제공받는 자금(즉, 원금, principal)
에 비해서 이자가 얼마나 발생하는지 상대적 규모를 따져보는 것이 필요
하다. 이를 위해 원금에 대한 이자의 비율인 이자율(interest rate)로 평가
하며 같은 의미로 금리라는 표현을 사용하기도 한다.

금리는 우리 생활에 많은 영향을 끼치는데, 금리가 내려가면 이자소
득으로만 살아가는 사람들은 생활이 어려워질 수 있고, 반면에 돈을 빌
려서 사업하는 사람의 경우에는 자금 조달이 쉬워져서 유리해질 수도 있
다. 또한 금리는 주택가격이나 주식가격 등에도 영향을 준다. 즉 금리가
내려가면 사람들은 쉽게 돈을 빌릴 수 있어서 주택이나 주식을 구입할
수 있는 능력이 커진다.

경기변동이나 사람들의 소비나 투자에 따라 돈에 대한 수요가 바뀌
고, 정부의 통화정책이나 사람들의 저축성향에 따라서 돈의 공급이 변하
므로 금리는 변동한다. 즉 금리도 자금의 수요가 증가하면 올라가고 반
대로 자금의 공급이 늘어나면 내려가므로 수요와 공급의 균형상태에서
일물일가의 원칙(the law of one price)에 따라 결정된다.

한편, 이자의 크기는 기간에 따라서 달라지기 때문에 금리를 표현할
때는 흔히 1년을 기준으로 하는데, 다음 절에서 이런 기준들에 대해서
좀 더 자세하게 다룬다.

2. 이자 계산법

이자를 계산하는 방법은 어떻게 미래가치를 결정하느냐에 따라 다양한 기법들이 있을 수 있으나, 시장에서는 주로 단리법과 복리법이 사용된다.

(1) 단리와 복리

단리법(simple interest rate)은 한번 발생한 이자에 대해서는 추가로 이자가 적용되지 않고 오직 원금에만 계속 이자가 발생하는 계산법이다. 예를 들어 연간 단리이자율이 2%로 원금 100만원을 2020년 1월 1일에 투자하였고 이자는 만 1년이 경과할 때마다 받는다고 하자. 이때 2년간 받는 이자는 다음과 같다.

- 1년이 지난 2020년 12월 31일에 발생한 이자: 100만원×2%=2만원
- 2년이 지난 2021년 12월 31일에 발생한 이자: 100만원×2%=2만원

여기서 1년 후와 2년 후에 받는 이자가 똑같이 2만원인데, 원금 100만원에 대해서만 2%의 이자가 발생하지만, 이미 발생한 이자에 대해서는 추가로 이자를 적용하지 않기 때문이다. 이를 그림으로 나타내면 다음과 같다.

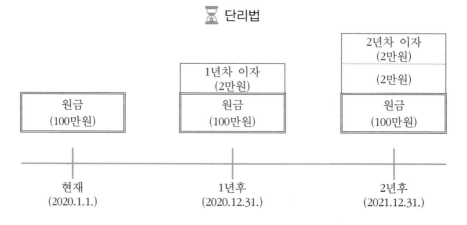

⏳ 단리법

복리법(compound interest rate)은 원금뿐만 아니라 투자기간 중 발생된 이자 모두에 대하여 이자가 적용되는 방법이다. 위의 예에서 이번에는 연간 복리이자율이 2%를 적용한다고 하고 2년간 받는 이자를 살펴보자.

- 1년이 지난 2020년 12월 31일에 받는 이자
   : 100만원×2%＝2만원
- 2년이 지난 2021년 12월 31일에 받는 이자
   : (100만원＋2만원)×2%＝2만 400원

여기서는 단리와 달리 1년 후 받는 이자와 2년 후에 받는 이자가 서로 다르게 된다. 첫해는 똑같이 원금 100만원에 이자가 적용되지만, 2년 후에는 원금 100만원뿐만 아니라 1년이 지난 때에 발생한 이자 2만원에 대해서도 이자를 적용하기 때문이다. 이를 그림으로 나타내면 다음과 같다.

⏳ 복리법

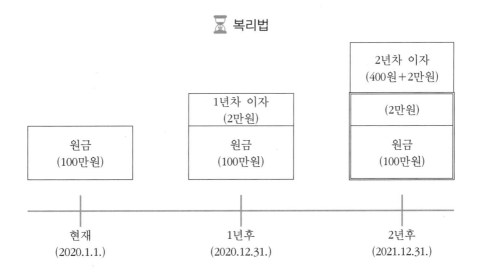

따라서 단리이자인 2만원＋2만원＝4만원보다 복리이자가 2만원＋2만 400원＝4만 400원으로 더 크고, 이것은 복리법에서 이자에 대한 이자 400원이 더 발생하였기 때문이다.

👥 단리와 복리 그리고 누적함수 $a(n)$

현재 원금 1에 대해 단위기간(월, 분기, 일년 등)에 적용되는 이자율이 i이고 투자단위기간의 수가 $n(=1, 2, 3, ...)$인 경우에 미래가치(FV)를 나타내는 누적함수(accumulation function) $a(n)$는 다음과 같다.

- $a(n$: 단리적용$) = 1 + i \times n$ (즉, n에 대한 선형함수)
- $a(n$: 복리적용$) = (1 + i)^n$ (즉, n에 대한 지수함수)

실제 경제생활에서는 주로 복리체계가 적용된다. 따라서 복리를 중심으로 지금까지의 논의를 아래와 같이 보충 설명한다.

먼저, 현재 원금 P에 대한 미래가치(FV)는 아래와 같이 간단히 일반화할 수 있다. 즉,

- $FV = P \times a(n) = P \times (1 + i)^n$

다음으로 미래가치 F에 대한 현재가치(PV) 또한 다음과 같이 간단히 표현할 수 있다. 즉,

- $PV = \dfrac{F}{a(n)} = \dfrac{F}{(1 + i)^n} = F \times v^n$

여기서 $\dfrac{1}{a(n)} (= \dfrac{1}{(1 + i)^n})$을 현가함수(discount function)라고 하고 $v (= \dfrac{1}{1 + i})$를 할인요소(discount factor) 혹은 현가율이라고 한다.

(2) 단리와 복리 적용 예(주택담보대출)

사람들은 보통 주택담보대출 등을 통해 주택구입자금을 마련한다. 이때 대출이자는 어떻게 계산되는 걸까?

예를 들어 은행에서 주택담보대출을 통해 1억원을 빌리는 경우, 이자율은 연 3.12%이고 원리금 균등상환의 방법으로 36개월 동안 갚아나가는 경우를 생각해보자.

매월 은행에 갚아야 할 금액(월 균등상환액)은 3년을 36개 구간으로 나누고 매 구간별로 0.26%(＝3.12%÷12)의 복리 이자율을 적용하여, 매월 균등상환액의 현재가치를 합한 금액이 1억원이 되도록 계산하게 설계되어 있다. 즉, 매월 상환액을 R이라고 할 때 대출시점의 1억원은 이러한 현금흐름의 현재가치를 다음과 같이 합산한 것이다.

- $$1억원 = \frac{R}{(1+\frac{0.0312}{12})} + \frac{R}{(1+\frac{0.0312}{12})^2} + \cdots + \frac{R}{(1+\frac{0.0312}{12})^{36}}$$

이 식을 풀면 매월 상환액 R의 값은 2,913,412원으로 계산되는데, 금융감독원은 누구나 이런 계산 결과값을 쉽게 얻을 수 있도록 금융거래계산기[3]를 제공하고 있다.

그렇다면, 복리가 아니라 월 단리로 계산한다면 매월 은행에 갚아야 할 금액은 얼마가 될까? 복리의 경우와 마찬가지로 매월 상환액을 R이라고 하고 현금흐름의 현재가치를 다음과 같이 합산한 값이 대출시점의 1억원이 되는 것으로 계산하면 된다.

- $$1억원 = \frac{R}{1+\frac{0.0312}{12}} + \frac{R}{1+\frac{0.0312}{12}\times 2} + \cdots + \frac{R}{1+\frac{0.0312}{12}\times 36}$$

이 경우 당연히 복리로 계산한 금액보다 3,958원이 더 적게 산출되어

---

3) (금융소비자 정보포털) 파인: http://fine.fss.or.kr/main/fin_tip/cal/cal.jsp.

2,909,454원이 된다. 즉, 은행은 월복리를 사용하여 월 균등상환액을 책정함으로써 수익극대화를 추구하고 있는 셈이다.

🐭 복리의 마법 '72의 법칙'[4)]

재테크 법칙 가운데 현 수익률을 복리로 적용할 때 원금이 2배로 불어나는데 걸리는 시간을 계산하는 '72의 법칙(The rule of 72)'이란 게 있다. 예컨대 연 5%의 복리라면 투자 자산이 2배가 되는 데 걸리는 시간은 72÷5로 계산해 14.4년이 된다.

'72의 법칙'은 월가의 전설적인 펀드매니저 피터 린치(Peter Lynch, 1944~)가 고안했다. 이 투자공식은 2000년 초 저금리 기조에 발맞춰 '복리의 마법'으로 소개되면서 널리 인용됐다.

복리의 마법에 관한 상징적 사례로 미국 뉴욕 맨해튼과 관련한 재미난 이야기가 전해진다. 17세기 유럽 강대국은 식민지 확보 경쟁을 벌였다. 1626년 네덜란드인들은 맨해튼을 인디언으로부터 통째로 넘겨받는 대가로 60길더(24달러)를 지불했다. 그것도 현금이 아닌 장신구와 구슬로 대신했다. 누가 보더라도 인디언이 '바보짓'을 했구나 싶을 수밖에 없다. 하지만 복리 효과로 계산하면 사정이 달라진다. 월가 투자자 존 템플턴(John Templeton, 1912~2008)은 "24달러를 받은 인디언이 매년 8%의 복리 수익률을 올렸다면 맨해튼은 물론 로스앤젤레스를 두 번 사고도 남는 돈이 됐을 것"이라고 역설했다. "복리는 가장 위대한 수학의 발견이다." 세계적인 물리학자 알버트 아인슈타인(Albert Einstein, 1879~1955)이 한 말이다.

---

4) 출처: 주간동아 2016.12.14. 1067호, p. 5.

제2절 이자율과 수익률

1. 현금흐름과 확정기간연금

(1) 채권의 현금흐름

3천만원짜리 승용차를 사려는 서울시민 A씨는 만기 7년인 서울도시철도채권(표면금리 1.25%) 600만원어치를 의무적으로 구입해야 한다. 서울시가 이 채권을 팔아서 마련한 돈으로 교통환경을 개선하는 데 사용한다고 하니 A씨가 보기에 자동차 등록세 이외에 추가적으로 내는 이 돈은 거의 세금처럼 생각된다. 그래도 이렇게 구입한 채권을 만기까지 보유하면 채권의 액면금액에 이자를 붙여 돌려받을 수는 있어서 좋은 재테크가 아닐까 생각해보려 했지만, 적지 않은 돈이 몇 년씩 묶여버리는 것이 여간 부담이 아니다. 또한, 서울시가 일반 기업보다는 망할 우려가 적고 안정적이어서 이 채권은 가지고만 있으면 돈 떼일 염려가 없다는 이유로 이자를 적게 준다고 생각되어서 A씨는 이 채권을 사자마자 자동차 영업 사원을 통해서 그냥 팔기로 결정했는데, 이 채권은 7년이 지나야 돈으로 바꿀 수 있기에 낮은 가격으로 깎아서 팔 수밖에 없었다.

그런데, 여기서 채권의 가격은 어떻게 계산이 되고 거래되는 것일까? 일반적으로 자산의 가치는 그 자산으로부터 기대되는 미래 현금흐름(cash-flow)의 현재가치에 의해 결정된다. 채권도 마찬가지로 가치가 결정되는데, 금리가 보장되고 만기가 정해져 있기 때문에 미래 현금흐름을 쉽게 예상할 수 있다. 즉, 매 기간마다 약속한 이자가 지급되고 만기에는 원금이 상환될 것이기에 이러한 미래 현금흐름을 시장이자율로 할인한 현재가치가 바로 채권의 가격이 된다.

예를 들어, 액면가가 100만원이고 표면금리가 연 5%이며 매 연도말에 약정한 이자가 지급되는 만기가 3년짜리 채권이 있다면, 1년말과 2년말에 이자 5만원(100만원의 5%)이 지급되고 3년말에는 이자 5만원이 지급되면서 원금 100만원이 상환되는 현금흐름이 예상된다. 이때 시장이자율이 8%라고 하면 1년말과 2년말 약정된 이자 5만원에 대한 채권구입시점의 현재가치와 3년말 원금 100만원과 이자 5만원에 대한 채권구입시점의 현재가치를 합한 금액 92.3만원이 채권의 가격이 된다. 즉, 채권의 가격은 이러한 현금흐름의 현재가치를 다음과 같이 합산한 것이다.

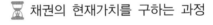

- $\dfrac{5}{1.08} + \dfrac{5}{1.08^2} + \dfrac{100+5}{1.08^3} = 92.3$

매년 발생하는 이러한 현금흐름과 채권의 현재가치를 구하는 과정을 그림으로 나타내면 다음과 같다.

⏳ 채권의 현재가치를 구하는 과정

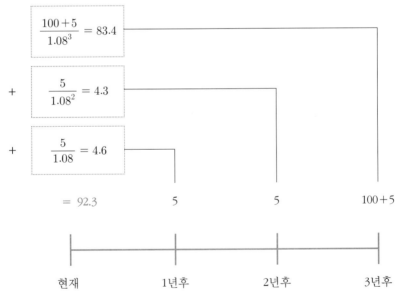

(2) 확정기간 연금

일정기간동안 미리 정해진 주기에 따라 일정금액이 지급되는 현금흐름의 형태를 연금(annuity)이라고 한다. 앞서 살펴본 이자지급일에 정기적으로 이자를 지급받는 채권(이표채)처럼 매 주기마다 일정한 금액을 지급하는 형태의 현금흐름을 가진 계약을 정액연금이라고 하고, 연금수급자의 생존 여부와 무관하게 정해진 기간 동안 확정적으로 지급이 이루어지는 것을 확정연금(annuity – certain) 혹은 확정기간연금이라고 한다. 참고로 연금수령자(pensioner)의 생존을 전제로 연금이 지급되면 생명연금(life annuity)이라고 한다.

확정연금의 현금흐름과 그 가치를 결정하는 5가지 요소를 "3년간 매 연도말에 10만원을 지급하고 적용되는 이율은 연 2%"인 확정연금계약을 근거로 설명하기로 한다.

- 확정연금이 지급되는 단위기간: 1년
- 확정연금이 지급되는 총횟수: 3회
- 지급되는 확정연금액: 10만원
- 확정연금이 지급되는 시점: 단위기간의 말 시점(연도말 시점)
- 단위기간에 적용되는 이율: 연 2%

특히 연금지급의 현금흐름이 단위기간의 시작 시점에서 발생하면 기시급 연금(annuity – due), 반대로 상기 예와 같이 단위기간의 말 시점에서 발생하면 기말급 연금(annuity – immediate)이라고 한다.

마지막으로 상기와 같은 확정연금을 구입할 때 지급하여야 할 합리적 가격은 현재가치로 산출된다(단, 구입에 따른 사업비는 없는 것으로 함). 따라서 확정연금의 값은 아래 그림에서 도식화한 것처럼 각 연도말 현금흐름의 현재가치를 합산한 28.8만원이다.

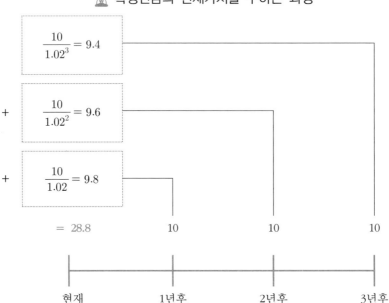

확정연금의 현재가치를 구하는 과정

확정연금의 현재가치를 나타내는 국제계리기호
(international actuarial notations)

n기간 기시급 확정연금(annuity−due)은 n년 확정기간 동안 단위기간의 시작점(일반적으로 매년 초)에서 (생사와 상관없이) 연금액 1이 정기적으로 지급되는 연금으로 그 현재가치를 국제계리기호로 $\ddot{a}_{\overline{n|}}$로 표기한다.

- $\ddot{a}_{\overline{n|}} \equiv 1 + v + v^2 + ... + v^{n-1} = \dfrac{1-v^n}{1-v}$

여기서 v는 할인요소(discount factor) 혹은 현가계수, 현가율이라고 하며 $\dfrac{1}{1+i}$로 정의된다. 즉, $\ddot{a}_{\overline{n|}}$는 공비가 v인 등비수열의 합으로 표현됨을 알 수 있다.

소문자 a는 연금(annuity)의 앞 글자를 따온 것이고, ¨(double

dot)은 기시에 지급된다는 표기이며 오른쪽 아래첨자 $\overline{n|}$은 연금지급기간이 n임을 나타낸다(특별히 이자율 i를 명시적으로 표기하는 경우에는 $\ddot{a}_{\overline{n|},\,i}$로 표시하고, 일반적으로 사용하는 이자율은 예정이율이라고 표현한다).

예를 들어, 매년 초에 123만원씩 10년간 지급되는 연금의 현재가치(PV)는 다음과 같이 간단히 표현할 수 있다(단, 할인에 적용되는 이자율 $i = 5\%$).

- $PV = 123$만원 $\times \ddot{a}_{\overline{10|},\,i=5\%}$
  ($\ddot{a}_{\overline{10|},\,i=5\%} = 1 + v + ... + v^9$, $v = \dfrac{1}{1+0.05}$)

한편 위와 현금흐름은 동일하지만 현금흐름 발생시점이 단위기간의 말에 발생하는 "n기간 기말급 확정연금"의 현재가치는 $a_{\overline{n|}}$으로 표현하고 아래와 같이 정의된다.

- $a_{\overline{n|}} \equiv v + v^2 + ... + v^n = \dfrac{v \times (1 - v^n)}{1 - v}$

따라서, 기시급 확정연금의 현재가치 $\ddot{a}_{\overline{n|}}$와 기말급 확정연금의 현재가치 $a_{\overline{n|}}$ 간의 관계는 다음과 같음을 쉽게 확인할 수 있다.

- $a_{\overline{n|}} = v \times \ddot{a}_{\overline{n|}}$

2. 이자율의 기간구조

(1) 이자율과 수익률

반드시 원금 이상을 주는 정기예금과 같은 상품에 돈을 운용하면 저축한다고 하고, 원금을 보장받지 못할 수도 있는 주식과 같은 상품을 통해 돈을 운용하면 투자한다고 한다. 앞 절에서 설명하였듯이 이자율은 원금에 대한 이자의 비율로 정의되며 금리로도 표현되는데, 저축에서는 확실한 원금 이상을 받아 이자수익을 얻으므로 금융회사가 사전에 약정한 이자율이 매우 중요하다.

이자율이 낮을 때에 물가상승률이 오히려 높다면, 저축을 하지 않고 그 돈으로 당장 마트에서 살 수 있는 물건보다 저축하고 나서 만기가 되어 원금에 이자까지 더한 돈으로 구입할 수 있는 물건이 더 적을 수 있다. 가령 은행의 1년 만기 정기예금이율이 3%라고 하여 저축하였다고 하더라도 한 해 동안 물가상승률이 5%였다면 저축했던 사람이 실제로 얻게 되는 이자율은 3%가 아닌 3%−5%=−2%인 셈이어서 저축으로서 의미가 없어진다. 시장에서 통용되는 시장이자율은 연 명목이자율(nominal interest rate)이며, 당해 연도의 연 물가상승률(expected inflation rate)을 아래와 같이 산출한 이자율을 실질이자율(real interest rate)이라고 한다. 즉,

- $1 + 연\ 실질이자율 = \dfrac{1 + 연\ 명목이자율}{1 + 연\ 물가상승률}$

여기에 피셔효과[5]를 적용하면,

- 연 실질이자율 = 연 명목이자율 − 연 물가상승률

실질이자율은 화폐의 실질구매력(purchase power of money)을 반영하고 있어서 우리가 실제로 느끼는 이자율이므로 명목이자율보다 현실감이 높다.

한편, 펀드나 변액보험 등 금융상품에 투자한 경우에는 수익(return or payoff)이 불확실하므로 납입한 원금이 특정기간이 지났을 때 얼마나 커졌는지를 미리 약정한 이자율의 개념으로 설명하는 것은 부적합하다. 그

---

5) Irving Fisher(1930)는 명목이자율은 실질이자율과 향후 예상되는 물가상승률의 합과 같다고 주장하였고 이를 피셔효과라고 한다.

래서 투자를 통해 발생한 성과(gain or loss)의 정도를 나타내는 개념으로 수익률(rate of return)을 이자율 대신에 사용한다.

수익률은 투자했던 자산을 매도한 금액에서 처음 매입했던 금액을 뺀 매매차익에 투자기간 동안 발생한 현금흐름을 더하거나 뺀 다음 매입금 액으로 나누어 구하는데, 이런 개념을 식으로 표현하면 다음과 같다.

- 수익률$(\%) = \dfrac{\text{매도금액} - \text{매입금액} \pm \text{보유기간 중 현금흐름}}{\text{매입금액}} \times 100$

여기서 보유기간 중 이자수익이나 배당 등의 수익에 보탬이 되는 것 들뿐만 아니라 수익을 획득하기 위해 써버리는 수수료나 인건비 등의 비 용들이 모두 보유기간 중 현금흐름에 해당하는데, 정확하게 수익률을 계 산하기 위해서는 이 모든 수익과 비용을 빼먹지 않고 각각의 발생시기를 고려하여야 한다. 그런데, 현실적으로 모든 현금흐름의 발생시기를 기록 하고 관리하는 것은 거의 불가능하다.

따라서 현실적으로 수익률을 계산하는 방식은 이보다 훨씬 간단한 방 법들이 사용된다. 가장 흔히 쓰는 단순 계산법은 순수익률(net rate of return)인데, 이것은 납입한 원금과 최종 매도금액만 가지고 다음과 같이 단순하게 계산한다.

- 수익률$(\%) = \dfrac{\text{매도금액} - \text{매입금액}}{\text{매입금액}} \times 100$

이 순수익률은 워낙 간단하고 이해하고 적용하기 쉬워서 정기적금이 나 보험계약 등 일상생활의 금융거래에서 특정시점의 수익의 상태를 직 관적으로 표시할 때 흔히 사용된다. 특히 보험계약에서 해지환급률은 해 지시점에 받게 되는 해지환급금을 그간 냈었던 보험료의 합계로 단순히 나누어서 계산하는데, 해지환급금을 매도금액으로 보고 보험료를 매입금 액으로 생각하면 해지환급률은 순수익률과 같은 개념이 된다. 물론 해지 환급률인 $\dfrac{\text{해지환급금}}{\text{납입보험료}} \times 100$에서 100%를 차감해야만 매도금액(해지환급금)과 매입금액(납입보험료)의 차이가 적용되어 순수익률이 된다.

그러나, 이 순수익률의 경우 여러 차례에 걸쳐서 매입을 하는 경우에도 그 매입금액을 단순히 더하여 반영하는 셈이므로, 일시에 목돈을 투자하는 경우에야 정확하지만 그렇지 않고 여러 차례 투자시점을 달리하여 투자하는 경우에는 부적합한 단점이 있다. 또한, 투자기간 중 발생하는 매도 행위 등으로 발생하는 현금흐름을 전혀 고려할 수 없기도 하다.

따라서 투자기간 중 모든 현금유입의 현재가치와 현금유출의 현재가치를 일치시켜주는 할인율인 내부수익률(IRR, internal rate of return)을 사용하기도 한다. 그러나 이 경우 현금흐름이 빈번하면 계산이 복잡하여 복수의 할인율이 산출될 가능성 또한 상존하므로 유용성이 낮을 수밖에 없다.

연기금(pension fund)과 같이 자금의 유입과 유출이 빈번한 경우 단위기간(통상적으로 1년) 수익률의 근사값으로 대용하는데, Godfrey Harold Hardy(1877~1947)라는 영국의 수학자가 유도한 수익률 추정방법인 하디수익률(1890년 12월 발표)이 가장 널리 사용된다.

- 하디 수익률 $= \dfrac{2 \times 투자수익}{기초자산 + 기말자산 - 투자수익} \times 100$

하디수익률의 범용성을 간단한 예를 통해 살펴보기로 한다. 연초에 투자한 원금이 A, 연말에 수령한 원리금이 B라고 하면 1년 기간에 발생한 이자수익은 B-A이다. 따라서 하디수익률은 이자율과 일치함을 다음 식에서 쉽게 알 수 있다.

- 하디수익률 $= \dfrac{2 \times (B-A)}{A + B - (B-A)} = \dfrac{B-A}{A} = 이자율$

물론 금융회사마다 금융상품을 운용하면서 수수료나 인건비를 떼어가는 규모나 시점 등 방법이 너무 다양하기에 수익률을 계산하는 방법에서 하디수익률이 반드시 정답일 수는 없으며, 다양한 방법이 있을 수 있다. 최근에는 상품 구조가 서로 다른 금융투자상품과 보험상품 등 금융상품을 금융소비자가 쉽게 서로 비교할 수 있도록 수익률을 정의할 필요성이 제기되어 왔다. 최근에는 금융회사가 떼어간 수수료나 인건비 등을 모두 차감한 이후에 금융소비자의 손에 떨어지는 실질수익률(net rate of return)을 한층 더 강조하고 있다.

영화 "무한대를 본 남자"는 영국 캐임브릿지 대학교(트리니티 칼리지)의 하디(G. F. Hardy, 1877-1947) 교수(보험학 분야에서 하디수익률로 유명함)와 인도 빈민가의 수학 천재 라마누잔(Srinivasa Ramanujan, 1887-1920)의 브로맨스를 다룬 영화이다. 하디 교수는 라마누잔의 천재성을 알아보고 성격도 가치관도 신앙심도 다르지만 수학에 대한 뜨거운 열정으로 모두가 불가능하다고 생각한 위대한 대수학의 공식들을 증명하였다.

(2) 실효이자율과 명목이자율

자금의 공급과 수요를 위한 이자율은 통상적으로 1년을 단위기간으로 설정하여 발표한다. 그러나 단위기간 중에 이자가 발생하여 단리 혹은 복리로 발생하는 이자를 추가적으로 고려하여야 할 상황이 발생할 수 있다. 예를 들어, 금융기관이 연 12%의 예금이자율을 공시하고 이자를 매월 말에 정기적으로 지급한다고 하면, 100원을 예금하고 1년이 경과하면 금융소비자가 실제로 수령하는 총액은 다음과 같이 산출된다. 즉,

- 월 단리를 적용하는 경우

$$\Rightarrow 100 \times \left(1 + \frac{12\%}{12} \times 12\right)$$

- 월 복리를 적용하는 경우

$$\Rightarrow 100 \times \left(1 + \frac{12\%}{12}\right)^{12}$$

상기 예에서 모든 표현은 1년을 기준으로 표현하고 있으므로 단위기간은 1년이다. 연 12% 예금이자율은 연 명목이자율(nominal annual interest rate)을 의미하고, 매월 이자가 발생하므로 이자 발생 회수(이를 부리회수(conversion number)라고 함)는 연 12회이다. 또한 이자가 발생하는 정기적 기간을 부리기간(conversion period)이라 하며 여기서는 월단위임을 알 수 있다. 명목이자율은 금융기관이 대외적으로 이자율을 공시하는 편의성에 기인한 금리이지만 금융소비자가 실제로 받는 금리는 아니다. 금융소비자에게 실제로 지급되는 이자율을 실효이자율(effective interest rate)이라고 한다.

실효이자율은 기간별로 달리 제시되며 위 식에서 알 수 있듯이 월 단위는 $\frac{12\%}{12}$이고 연 단위는 $\left(1 + \frac{12\%}{12}\right)^{12} - 1$ (복리인 경우) 또는 12%(단리인 경우)이다. 실효이자율은 실제로 취득 가능한 이자율을 표시하는 것이므로 이자가 발생하는 정기적 기간(즉, 부리기간)에 따라 달리 산출하며 부리기간에 대해 복리를 적용하는 것이 보편적이다.

연 명목이자율과 연 실효이자율 간의 관계를 국제계리기호로 좀 더 엄격하게 설명하면 다음과 같다.

- 연 명목이자율은 $i^{(m)}$으로 표기하며 m은 연 부리회수를 나타낸다.

여기서 부리기간은 $\frac{1}{m}$년이고 부리기간의 실효이자율은 $\frac{i^{(m)}}{m}$이다.

결론적으로 연 실효이자율 i 그리고 연 명목이자율 $i^{(m)}$ 간의 관계는 다음과 같이 표현된다.

- 복리적용: $1 + i = \left(1 + \frac{i^{(m)}}{m}\right)^m$

• 단리적용: $1 + i = 1 + \dfrac{i^{(m)}}{m} \times m = 1 + i^{(m)}$

여기서 단리를 적용한 경우는 단리의 특성에서 알 수 있듯이 발생된 이자는 복리와 달리 미래에 대해 원금에 합산되어 부리되지 않기 때문에 연 명목이자율과 연 실효이자율이 일치하게 된다.

🏃 이력(force of interest): 순간 연 명목이자율

이자율은 금융시장의 여러 변동요인으로 변하므로 특정기간 동안 항상 같다고 단정하기 어렵다. 따라서 아주 짧은 특정 순간의 이자율이 필요한데, 이 순간이자율을 명목이자율로 표기한 것을 이력이라 하고 δ_t로 표기한다. 이를 식으로 나타내면 다음과 같다.

• $\delta_t \equiv \lim\limits_{m \to \infty} i^{(m)} = \lim\limits_{m \to \infty} \dfrac{\dfrac{i^{(m)}}{m}}{\dfrac{1}{m}} = \lim\limits_{h \to 0} \dfrac{\dfrac{a(t+h) - a(t)}{a(t)}}{h} = \dfrac{a'(t)}{a(t)}$

(3) 현물이자율과 선물이자율

이자율은 다양한 경제 관련 변수들의 영향에 의하여 언제 적용되느냐에 따라 달라지기도 하고, 같은 시점에서도 채권자나 채무자의 신용도에 따라 달리 적용되기도 한다. 특히 이자율은 채무기간 혹은 투자기간에 따라서 다르게 적용된다.

현재 100만원을 3년간 투자한다고 가정할 때 현실적으로 매 기간의 이자율이 동일하지 않을 것이므로, 현재 시점을 기준으로 100만원을 1년간 투자할 때 이자율과 2년간 투자할 때 이자율 및 3년간 투자할 때 이자율은 각기 상이할 수 있다. 이렇게 현재 시점을 기준으로 기간별로 연 이자율을 나타내는 것을 현물이자율(spot rate of interest)이라고 한다.

한편, 1년후 100만원을 2년간 투자할 때 이자율과 2년후 100만원을 1

년간 투자할 때 이자율도 상이할 수 있는데, 이렇게 미래의 특정기간 동안 적용되는 연이자율을 해당기간의 선물이자율(forward rate of interest)이라고 한다. 이를 그림으로 나타내면 다음과 같다.

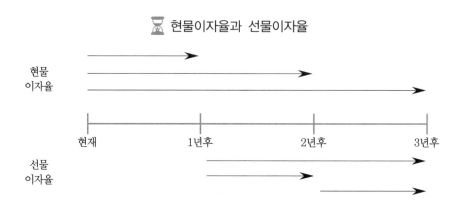

⌛ **현물이자율과 선물이자율**

이자율이 적용되는 기간을 제외하고 다른 모든 조건이 같을 경우, 신용리스크는 없고 단지 유동성리스크만을 고려할 때 단기 이자율과 장기 이자율 사이에 존재하는 관계를 이자율의 기간구조(term structure of interest rate)라고 한다. 특히, 채권의 경우 만기(term to maturity)가 확정되어 있고 발생하는 액면이자(coupon) 그리고 만기에 상환하는 액면가액(face value)이 결정되어 있다. 따라서 해당 채권에 대한 수요와 공급에 의해 시장수익률이 결정되면 채권가격이 결정된다. 이때 시장수익률은 특별히 만기수익률(YTM, yield-to-maturity)이라고 한다.

만기와 만기수익률이라는 두 가지 요소 사이의 관계를 그래프로 나타낸 것을 수익률 곡선(yield curve)[6]이라고 한다. 그래프가 우상향으로 그려진다면 장기 이자율이 단기 이자율보다 높다는 뜻이다. 이는 정상적인 경제상황에서 나타나는 일반형태이다. 왜냐하면 장기 채권일수록 물가상승으로 인한 투자가치의 하락 가능성이 높기 때문이다. 반대로 우하향은 경기위축으로 인한 물가상승의 둔화 가능성, 저금리 기조의 확산 가능성

---

6) x축은 만기, y축은 만기수익률을 나타내는 그래프.

등에 투자자가 우려를 표현하는 경제상황에서 발생할 수 있는 특이형태이다. 글로벌 국채 시장에서 미래 경제전망 지표로 2년 만기 및 10년 만기 미국 국채 수익률의 격차가 주요 지표로 활용된다(아래 그림 참조). 2014년 이래로 격차의 변동은 있어왔지만 2019년 8월에 격차가 마이너스(−)가 되는 수익률 곡선의 역전현상이 발생하였다. 이를 두고 경기침체의 장기화가 시작되었다는 경제 전문가의 견해가 탄력을 받기도 한다. 물론 국채 수익률 곡선의 역전과 경제침체 간의 상호 관련성은 한층 더 높은 단계의 경제 통계분석과 이론적 연구가 필요한 분야이다.

⏳ 미국 10년과 2년 국채 수익률 간의 격차

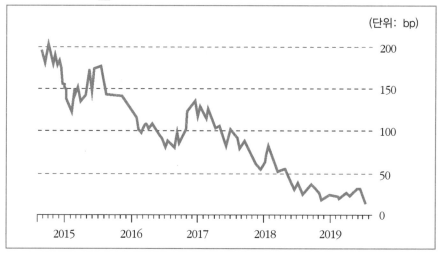

제1장의 요약

☐ 이자율(interest rate)은 원금에 대한 이자의 비율이다.

○ 이자를 계산하는 방법은 주로 단리법과 복리법이 사용되는데, 미래가치(FV)를 나타내는 누적함수(accumulation function) $a(n)$는 다음과 같다.

- $a(n:$ 단리적용$) = 1 + i \times n$ (즉, n에 대한 선형함수)
- $a(n:$ 복리적용$) = (1 + i)^n$ (즉, n에 대한 지수함수)

☐ 연금(annuity)은 일정기간동안 미리 정해진 주기에 따라 일정금액이 지급되는 현금흐름의 형태를 말한다.

○ 확정기간연금(annuity－certain)(혹은 간단히 확정연금)은 수급자의 생존 여부와 무관하게 정해진 기간동안 확정적으로 일정금액이 지급되는 것을 말한다.

n기간 기시급 확정연금(annuity－due)의 현재가치는 다음과 같은 국제계리기호로 표시된다.

- $\ddot{a}_{\overline{n}|} \equiv 1 + v + v^2 + \ldots + v^{n-1} = \dfrac{1 - v^n}{1 - v}$

여기서 v는 할인요소(discount factor) 혹은 현가계수, 현가율이라고 하고 $\dfrac{1}{1+i}$로 정의된다.

제1장의 연습문제

1 돈을 빌린 사람은 그 자금을 빌려 쓰는 것에 대한 대가(reward)를 내야 하고, 반면에 돈을 빌려 준 사람은 돈을 사용하게 해준 데 대한 수익을 얻는다. 이 대가를 무엇이라고 하는가?

2 일상생활에서 시간이 흐르면 물가가 올라서 돈의 가치가 떨어지게 되는데, 이때 떨어진 가치를 유지하는 방법은 (   )를 받는 것이다.

3 연간 단리이자율이 2%로 원금 100만원을 2020년 1월 1일에 투자하였고 이자는 연말에 받는다고 하면, 1년이 지난 2020년 12월 31일에 받는 이자는 얼마이고 2021년 12월 31일에 받는 이자는 얼마인가?

4 3년 후 1원의 현재가치와 현재 1원을 더한 값이 3년 후 2원의 현재가치와 같다고 할 때, 연간 이자율은 얼마인가? (단, 복리를 가정한다.)

5 김준혁씨가 연간 복리이자율 2%로 원금 100만원을 2020년 1월 1일에 투자하였고 이자는 연말에 받는다고 하면, 1년이 지난 2020년 12월 31일에 받는 이자는 얼마이고 2021년 12월 31일에 받는 이자는 얼마인가?

6 연 복리이자율이 10%라고 가정할 때 앞으로 1년후에 110만원을 투자한다고 하면, 앞으로 2년후에 이 투자자산의 가치는 얼마인가? (단, 물가상승률은 고려하지 않는다. 즉 물가상승률은 0이다.)

7 3년간 매 연도초에 10만원을 지급하고 적용되는 이자율은 연 2%인 기시급 확정연금의 값을 구하라.

8 1년만기 정기예금이율이 2%라고 하여 저축하였는데, 한해 동안 물가상승률이 1.5%였다면 저축했던 사람이 실제로 얻게 되는 이자율은 얼마인가? 피셔효과를 적용한 실질이자율로 계산하라.

9 도와복지재단 연기금의 기초자산이 100억원이고 기말자산이 150억원, 연간 투자수익이 10억원이라고 할 때, 이 연기금의 연간수익률이 얼마인지를 하디수익률을 통해 계산하라.

10 투자기간(1년, 2년, 3년)에 따른 현물이자율이 다음 표와 같다. 1년후 투자기간 2년의 선물이자율은 얼마인가? (단, 차익거래는 없다고 가정한다.)

투자기간	1년	2년	3년
현물이자율	2%	3%	4%

11 다음 중 맞는 것에 ○표, 틀린 것에 ×표 하시오.

① 오늘 당신은 연간 이자율 1%인 1년만기 정기예금에 10만원을 예치하였다. 인플레이션이 2%라고 할 때, 현재 10만원을 가지고 물건을 사는 대신에 1년후 출금하여 그 물건을 산다면 현재보다 더 적은 수의 물건을 사게 된다. ( )

② 은행에 예금해서 받게 되는 이자는 현재의 소비를 포기한 대가로 받은 것이라고 볼 수 있다. ( )

③ 연간 이자율이 2%일 때, 1년후 102만원의 현재가치는 100만원이다.
( )

④ 연간 단리이자율이 2%이고 연간 복리이자율이 2%라고 할 때, 복리이자는 항상 단리이자보다 많다. ( )

⑤ 연 복리이자율 2%, 4%, 8%로 2배씩 늘어날 때, 이 이자율로 투자된 금액도 각각 2배씩 늘어난다. ( )

⑥ 이자율이 증가하면 확정기간연금의 가치도 증가한다. ( )

⑦ 실질이자율은 시장에서 흔히 통용되는 이자율이고, 명목이자율은 물가상승률을 고려한 이자율이다. ( )

⑧ 수익률을 계산하는 유일한 방법은 내부수익률(IRR)이다. ( )

⑨ 하디수익률은 단위기간동안 자금의 유입과 유출이 빈번한 경우 단위기간동안 수익률을 측정하는 추정 실효수익률이다. ( )

⑩ 채권의 만기와 만기수익률(YTM)이라는 두 가지 요소 사이의 관계를 그래프로 나타낸 것이 수익률 곡선이다. ( )

제**2**장

위 험 률

○ 생존율과 장수리스크
○ 고령사회와 기대여명

제1절 생존율과 장수리스크

1. 리스크의 측정

(1) 리스크

1949년 미국 공군기지에서 일하던 에드워드 머피(Edward A. Murphy Jr. 1918~1990) 대령은 자기가 만든 장치의 고장 원인을 분석하는 도중에 고장을 피할 수 있는 여러 방법이 있었음에도 누군가가 반드시 잘못된 방법을 선택해서 고장을 낸다는 것을 발견한다. 그 후로 "일이 잘못될 수 있다면, 반드시 잘못되고 만다(Anything that can go wrong will go wrong)"는 느낌을 머피의 법칙(Murphy's Law)이라고 부르게 되었다. 즉, 세차하면 꼭 비가 온다든가, 100점 만점에 60점만 넘으면 과락을 넘겨서 합격하는 시험에서 1점 모자란 59점으로 탈락한다든가 하는 것처럼 일이 좀처럼 풀리지 않고 꼬였을 때 자주 쓰는 말이다. 그런데, 이 법칙은 평상시에 하는 일들을 무사히 마치게 되면 그 기억은 머릿속에 잘 남지 않지만, 우연히 재수 없게 손해가 발생했던 것은 너무 자극적인 기억이어서 머릿속에 깊숙이 남게 되니까 생기는 것이고, 실제로는 모든 경우에 항상 이렇게 나쁜 쪽으로만 일이 발생하는 것은 아니다.

일반적으로 '손해가 발생할 가능성'을 리스크(risk)[1]라고 정의하는데, 리스크는 개인이나 단체가 원하지도 않고(undesired) 뜻하지도 않게 (unintentional) 보유한 가치에 손해를 입을 가능성, 즉 불행이 발생할 가능성이다. 이 리스크는 투기적 리스크(speculative risk)와 순수 리스크 (pure risk)로 분류될 수 있는데, 손해와 이익이 발생할 가능성이 모두 있으면 투기적 리스크이고, 손해의 가능성만 있고 이익의 가능성은 전혀 없는 것을 순수 리스크라고 한다. 예를 들자면, 주식투자로 인한 주가변

---

1) 우리말로 표기하면 위험(危險)이라고 할 수 있으나, 통상 위험을 danger로 직역하는 경우가 많고, danger와 risk는 전혀 다른 뜻이므로 리스크라고 표기한다.

동 리스크는 이익 또는 손해가 있을 수 있는 투기적 리스크이다. 반면에 사망 리스크나 화재로 인한 재산손실의 리스크의 경우 이익을 볼 가능성은 전혀 없으나 손해 가능성만 존재하는 순수 리스크이다.

그런데, 순수 리스크의 경우 그 리스크에 처한 사람의 의도와 상관없이 겪게 되는 반면에, 투기적 리스크는 이익을 목적으로 손해 가능성이 있음에도 인위적으로 만드는 리스크이다. 따라서 전통적으로 보험은 도덕적 해이(moral hazard)가 상대적으로 적어서 우연한 사고로 손실이 발생하였을 때 손실을 보다 정확히 예측할 수 있는 순수 리스크만을 대상으로 한다.

따라서, 사망 리스크 같은 순수 리스크의 경우 모두가 그 불행을 피할 수는 없지만 보험가입을 통해서 그 리스크에 대비할 수 있어서, 모든 순수 리스크를 대비해서 보험에 가입한 사람에게는 머피의 법칙은 적용되지 않고 자기가 인위적으로 만드는 투기적 리스크에만 적용될 것이다.

(2) 사망 리스크

모든 동물은 심장이 뛰면 살아있는 것인데, 생쥐나 코끼리, 인간 모두 심장은 15억회 고동치면 멈춘다고 일본의 생물학자 모토카와 다쓰오는 주장[2]한다. 일반적으로 체중이 많이 나가는 동물일수록 심장이 1회 고동치는데 필요한 시간이 길다고 하는데, 즉 생쥐의 경우 체중이 30그램 정도라고 하면 그 수명은 2, 3년에 불과한 반면, 코끼리를 3톤이라고 하면 코끼리의 수명은 70년이라고 한다. 이 논리에 의하면 인간의 심장이 15억회 고동친 시점의 연령은 43세이다. 하지만, 흔히 알다시피 인간의 평균수명은 이런 생물학적 한계인 43세를 뛰어넘어 80세를 초과하였다.

실제로 기네스북[3]에 기록된 전 세계 사상 최고령자는 1875년에 태어나 1997년에 사망한 프랑스 여성인 잔 칼멩(Jeanne-Louise Calment)으로

---

2) 모토카와 다쓰오(2018), 「코끼리의 시간, 쥐의 시간」, 김영사.
3) 기네스북 홈페이지, http://www.guinnessworldrecords.com.

122년 164일을 살았다고 한다. 이를 미루어, 경험적으로 볼 때 아무리 수명이 늘어났어도 사람은 생후 120년 이내 죽는다고 말할 수 있을 것 같다.

그러나 각 개인마다 언제 죽느냐 하는 사망시점과 생존기간에 대한 불확실성(uncertainty)은 여전히 남아 있어서, 사람들은 위험(risk)에 처하게 된다. 집안의 소득을 책임지고 있는 가장이 빨리 죽는다면 부양가족들이 모두 위험에 놓이게 되고, 모아놓은 돈 없이 오래 산다면 본인이 위험에 놓이게 된다. 전자는 장수하지 못할 위험(risk of premature death)이고 후자는 노후생활에 대한 위험(risk of old age)이 된다.

사람은 누구나 죽고 그 죽는 시점이 불확실하기 때문에 누구도 이러한 위험을 피할 수는 없다. 르네상스 시대 이전에는 누가 죽고 태어나고, 얼마나 오래살고 하는 것들과 같은 여명의 예측은 신의 법칙이 적용되는 영역이라 믿었기에 인간이 숫자를 가지고 자연의 법칙을 찾아내고자 하는 것은 금기시되었고, 이런 것들을 통계적으로 집적하여 인간의 힘으로 다뤄보고자 하는 것은 상당히 불경스럽게 여겨졌다. 하지만, 16세기 이후 카르다노, 파스칼, 페르마, 라이프니츠, 베르누이, 드 므와브르 등의 수학자에 의해 확률의 개념이 정착되면서 통계를 통해 사람의 사망률을 계산하고, 불확실한 인간 개개인의 여명을 객관적인 통계적 수치로 표현하여 기대여명이 몇 년이라는 식으로 숫자로 내놓을 수 있게 되었다. 비로소 인간은 이 리스크를 이해하고 확률을 통해 이성적으로 측정하고 관리할 수 있게 됨에 따라 근대적 보험을 태동시킬 수 있게 된 것이다.

(3) 생명표와 생존율

어떤 집단에 소속된 사람들의 연령별 사망률에 기초하여 사망 및 생존의 상태를 나타내는 표를 생명표(生命表, life table)라고 한다. 최초의 생명표는 1662년 영국인 그란트(John Graunt)가 만든 가상의 생명표인데, 10년 단위로 연령구간을 나누어 다음 표와 같이 대강 정리한 것이다.

최초의 생명표[4]

나이	0	6	16	26	36	46	56	76	86
연령초 생존자수	100	64	40	25	16	10	6	3	0

그란트의 생명표가 만들어진 후 30여년이 지나서, 영국의 천체물리학자 핼리(Edmund Halley, 1656~1742)는 그란트의 생명표에서 런던 전체 인구에 대한 믿을 만한 수치가 없어서 단편적인 정보를 가지고 그 수치를 추정해야 했기 때문에 사망자들의 숫자와 사망원인을 밝힌 기록은 있었지만 사망당시의 나이에 대한 자료가 부족했던 점에 의심을 품었다. 그리하여 폴란드의 한 도시인 브레슬라우(Breslau)에서 실제 출생과 사망 데이터를 모아 인간 수명의 법칙에 대해 연구하여 1693년 '핼리의 생명표(Halley's table)'를 만들었다. 핼리는 특정연령의 사람들이 1년 내에 사망할 확률을 분포도를 이용해 다음과 같이 예시하였다.

"25세인 사람들은 567명인데 26세에 속한 사람들은 560명이다. 결국 7명이 사망하는 셈이니까, 25세의 사람이 1년 안에 죽을 확률은 7/567이 된다."

영국정부는 이 생명표를 이용하여 연금 구매자의 연령을 기준으로 여명을 추정하여 보다 공정한 가격을 책정할 수 있었고, 정규분포 곡선을 만든 것으로 널리 알려진 프랑스의 수학자 드 므와브르(Abraham de Moivre, 1667~1754)는 핼리와 학문적으로 교류하면서 핼리의 생명표를 기초로 1725년 「생명연금(Annuities on lives)」을 발간하며 생명연금의 초보적 이론을 제시하였다.[5]

신생아가 생애기간 동안 균등하게 생존하는 경우, 즉 보험기간 동안

---

4) Ian Hacking(1975), *The Emergence of probability: A Philosophical Study of Early Ideas about Probability, Induction, and Statistical Inference*, Cambridge University Press.

5) 류근옥(2013), 「세상을 바꾼 보험」, 교보문고, pp. 99-103.

에 사망자가 균등하게 발생하는 경우 드 므와브르의 사망법칙(De Moivre's analytical law of mortality)을 따른다고 한다. 가령 1,000명의 신생아가 있고 매년 10명씩 사망해서 100년 후에 모두가 사망한다고 가정하면, 50년 후에는 500명이 사망하기 때문에 만 50세 생존자 수는 1,000명에서 500명을 뺀 500명이 되고, 마찬가지 방법으로 하면 다음과 같이 연령별 생존자 수를 구할 수 있다.

- 만 50세 생존자 수: 1,000명 − 500명 = 500명
- 만 51세 생존자 수: 500명 − 10명 = 490명
- 만 52세 생존자 수: 490명 − 10명 = 480명

여기서 만 50세가 만 51세가 될 때까지 살아있을 확률은 만 50세 500명 중에서 만 51세에 살아있는 490명에 속할 확률이므로 490÷500 = 98%가 되고, 사망할 확률은 10÷500이므로 2%가 된다. 마찬가지 방법으로 생존율을 구하면 다음과 같다.

- 만 50세의 1년간 생존율: 490 ÷ 500 = 98%
- 만 50세의 1년간 사망률: 10 ÷ 500 = 2%
- 만 51세의 1년간 생존율: 480 ÷ 490 = 97.96%
- 만 51세의 1년간 사망률: 10 ÷ 490 = 2.04%

그리고, 만 51세가 만 52세가 되기 전에 사망하는 사람의 숫자가 10명이므로 만 50세가 만 51세까지 생존하였다가 만 52세 전에 사망할 확률도 10÷500로 2%임을 알 수 있다. 즉, 만 50세가 1년간 생존했다는 조건(490÷500)하에서 그 다음 해에 사망(10÷490)한다는 것을 통해 확률(490÷500×10÷490)을 구함으로써 만 50세가 향후 각 연령에 도달할 확률도 구할 수 있게 된다.

우리나라의 경우 1955년 이후 인구조사를 시작하기는 하였으나 생명표는 상당기간 일본의 국민생명표를 수정하여 사용하다가 1976년에야 비로소 한국보험계리사회가 경제기획원 조사통계국의 1970년 국민생명표를 보정한 최초의 생명표를 사용하였다. 이후 1986년 간이경험생명표를 시작으로 이후 3에서 5년을 주기로 경험생명표 개정작업을 해 오고 있다. 사진은 1955년 발행된 "제1회 간이총인구조사보고"이다.

👥 생존율 p_x과 사망률 q_x

연령이 x세인 사람이 1년 동안 살아있을 확률이 x세의 생존율인데 이를 p_x라고 표기한다. 반대로 1년 이내에 사망할 확률은 x세의 사망률인데 q_x로 표기한다. 한편 모든 사람은 1년 동안 살아있지 않았다면 반드시 1년 이내에 사망한 것이므로 다음과 같은 식이 성립한다.

- $p_x + q_x = 1$

👥 생존자 수 l_x와 사망자 수 d_x

x세인 사람의 생존자 수를 l_x로 표시하는데, x세인 사람이 1년이 지나면 $x+1$세가 되므로 l_x명 중에서 만 1년이 지나 $x+1$세가 되는 순간까지 생존한 사람들의 수는 l_{x+1}로 표기한다.

한편, x세의 사람들 중에서 1년 후까지 살아남은 사람의 비율이 생존율 p_x이므로 생존자 수의 비율로 다음과 같이 나타낼 수 있다.

- $p_x = \dfrac{l_{x+1}}{l_x}$

또한, x세 생존자 중에서 $x+1$세가 되기 전에 죽은 사망자의 수를 d_x로 표시하는데, 이는 $l_x - l_{x+1}$이며 q_x도 다음과 같이 표현 가능하다.

- $q_x = \dfrac{l_x - l_{x+1}}{l_x} = \dfrac{d_x}{l_x}$

한편, 연령이 x세인 사람이 1년이 아니라 n년 동안 살아있을 생존율은 $_np_x$로 표기하고, $x+n$세까지 살지 못하고 사망할 확률은 $_nq_x$로 표기한다.

$x+n$세의 생존자 수를 l_{x+n}으로 표기할 수 있으므로 연령이 x세인 사람의 n년 동안 생존율 $_np_x$와 사망률 $_nq_x$도 다음과 같이 표기한다.

- $_np_x = \dfrac{l_{x+n}}{l_x}$

- $_nq_x = \dfrac{l_x - l_{x+n}}{l_x}$

한편, 연령이 x세인 사람이 n년 동안 살아 있다가 그 다음 해에 사망하는 경우의 확률은 $_{n|}q_x$인데, 사망자 수가 $l_{x+n} - l_{x+n+1}$이므로 다음과 같이 표기하는데, 이는 $_np_x$와 q_{x+n}의 곱으로 표현함을 볼 수 있다.

- $_{n|}q_x = \dfrac{l_{x+n} - l_{x+n+1}}{l_x}$

$$= \dfrac{l_{x+n}}{l_x} \times \dfrac{l_{x+n} - l_{x+n+1}}{l_{x+n}} = {_np_x} \times q_{x+n}$$

사력(force of mortality)

연령 x인 사람이 1년간 사망할 확률을 q_x로 표기했는데, 1년이라는 기간 동안 사망률이 항상 같지는 않다. 가령 고령자의 경우 환절기나 혹한기에 사망률이 그렇지 않은 계절의 사망률보다 높은 것이 일반적이다. 따라서 아주 짧은 특정 순간의 사망률이 필요한데 이 사망 확률을 연간 사망률로 표기한 것을 사력이라 하고 μ_x로 표기한다. 이를 식으로 나타내면 다음과 같다.

- $$\mu_x \equiv \lim_{\triangle x \to 0} \frac{-1}{l_x} \cdot \frac{l_{x+\triangle x} - l_x}{\triangle x}$$

$$= -\frac{l'_x}{l_x}$$

그란트와 통계학[6]

1662년 런던에서 발행된 「사망자 표를 통한 자연적 · 정치적 관찰(Natural and Political Observations made upon the Bills of Mortality)」이라는 작은 책자는 1604~1661년 사이에 런던에서 출생한 사람과 사망한 사람에 관한 자료와 많은 해설물을 실었다. 통계학과 사회학 연구사에서 표본추출방법과 확률 산출의 과감한 도약과 일대 약진을 이룩한 책이다. 보험과 환경적 리스크의 측정에서부터 매우 복잡한 파생상품의 디자인에 이르기까지 모든 리스크 관리 방법에 원천적인 자료를 제공한 것이다.

이 책의 저자인 그란트(John Graunt)는 통계학자도 인구학자도 아니었다. 그렇다고 수학자도 보험계리사도 과학자도 대학교수도 정치가도 아니었다. 그란트는 단추나 바늘 등을 팔던 잡화점 주인이었는데 이 책을 썼던 42세 때에

---

6) 출처: 피터 L. 번스타인(2010), 「위험, 기회, 미래가 공존하는 리스크」, 한국경제신문, pp. 123－136 요약.

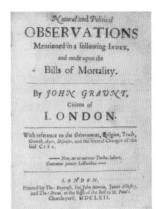

사진은 Natural and Political Observations made upon the Bills of Mortality의
표지와 생명표이다.[7]

는 옷감 수선용 잡화 판매 등의 일상에서 벗어나 다른 관심사도 추구할 수 있
을 정도로 돈도 넉넉하게 벌었다.

당시 농경 위주의 사회였던 영국은 바다 건너 부와 사업을 넓히며 점차 복
잡한 사회로 전화되어 가고 있었다. 땅과 경작지를 기준으로 세금이 산출되는
시절에는 아무도 인구수에 관심을 갖지 않았다. 그렇지만 점차 더 많은 사람
들이 마을로, 도시로 이주함에 따라 인구수가 문제로 제기되기 시작했다.

그란트는 인구분포에 따라 사람들의 소비성향을 예측할 수 있을 뿐만 아니
라 매매가 불가능한 지역에 헛되이 희망을 거는 일 또한 없앨 수 있을 것이라
고 생각했다. 즉 최초로 시장조사라는 개념을 만들어낸 것이다.

그는 그가 사용할 수 있는 통계가 런던의 출생자와 사망자 숫자의 일부만
을 나타낸다는 것을 깨달았다. 그러나 그는 그의 자료를 표본으로 사용해 광
범위한 결론을 이끌어냈다. 표본자료에서 전체적 개산(   )을 이끌어내는 그
의 분석방법은 오늘날 "통계학적 추론(statistical inference)"으로 불린다.

그란트는 런던시에서 1603년부터 정리된 "사망자표(Bills of Mortality)"를
통해 원시 자료를 수집했다. 1603년은 전염병의 만연으로 런던이 최악의 상황
에 직면했던 해다. 런던시의 사망자표에는 사망자 수는 물론이고 사망원인까지
도 명시되어 있다. 또한 매주 세례받은 아이들의 숫자 역시 기록되어 있다.

---

7) 출처: https://www.christies.com.

그는 특히 전염병 등 사망원인에 관심이 많았는데, 그의 계산에 의하면 1603년은 사망자의 82%가 전염병에 감염되어 숨진 최악의 해였다. 그는 이런 통계를 바탕으로 "태아를 포함한 모든 아이의 36%가 6세 이전에 사망한다"고 결론을 내렸다. 그리고 "사람들은 대부분이 75세 이전에 사망한다"는 추정을 이용해, 100명을 대상으로 6세에서 76세에 이르기까지 나이별로 생존하는 사람들의 수를 표로 만들었다. 그는 사망자료에 없는 정보, 즉 사람의 평균수명을 추정해보려고 시도한 것이다.

그는 또한 해마다 달라지는 질병 분포와 함께 호황기를 맞이한 런던의 유입·유출인구, 그리고 그 인구의 남녀 성비도 분석하였고, 역사상 최초로 타당한 근거를 토대로 런던의 총 인구수를 계산해냈다.

그란트는 표본이 아닌 완전한 형태의 사망자료를 분석했고, 그 누구도 시도해보지 못한 방식으로 원시 자료를 체계적으로 분석해 더 넓은 범위의 추론을 이끌어낸 것이다. 그의 자료분석 방식은 통계학이라는 학문의 초석을 이루었다. "통계학(statistics)"이라는 단어는 일정 상태(state)에 대한 양적 사실의 분석에서 유래했다. 그란트는 바로 이 중요한 연구분야의 개척자로 인정받았다.

2. 장수리스크

(1) 미래의 추정

생명표는 인구조사(census) 등의 자료를 기초로 연령별로 생존자 수를 기록한 표인데, 앞서 보았던 핼리의 계산처럼 이 생명표에 있는 25세 생존자 수와 26세 생존자 수를 통해 25세의 사망률과 생존율을 산출하게 된다.

일반적인 생명표의 경우 표준집단(standard group)의 구성원을 기준으로 작성되는데, 보험회사는 생명보험에 가입하려는 사람들의 과거 병력과 건강상태를 꼼꼼히 확인하고 가입시킨다.[8] 따라서 이렇게 선택되서

---

8) 이와 같이 생명보험 가입시 계약자가 작성한 청약서 상의 고지의무 내용이나 건강진단 결과 등을 바탕으로 보험인수 여부를 판단하는 것을 언더라이팅(underwriting)이라고 한다.

보험에 가입한 사람들은 보통 사람들보다 더 건강하여 생존율이 표준집단보다 높게 되는데, 이를 선택효과(selection effect)라고 부른다. 보험회사는 이 선택효과를 통해서 사망률과 생존율 등 위험률에서 어느 정도의 이익[9]을 확보한다. 물론 일정기간(selection period)이 지나면 선택에 의한 생존율 우위는 점차 사라져서 보통사람의 것과 같은 수준이 되므로 이 선택효과가 영원히 지속되는 것은 아니다.

일반적으로 과거의 데이터가 있고, 그 시간적 흐름에 따라 일정한 추세가 있다면 미래도 그러할 것이라고 예측하는 것은 자연스러운 일이다. 이 생존자 수 통계도 과거의 기록을 토대로 만들어진 것이어서 사망률과 생존율도 과거의 사실을 반영한 것이다. 다만 여러 해 동안 작성하여 축적한 과거의 기록을 통해서 추세를 만들어 내고 이를 반영하고 있을 뿐이다. 따라서 보험회사가 이 사망률과 생존율을 적용한 종신보험이나 연금상품을 만들어서 판다는 것은 미래의 사망률과 생존율이 과거의 것과 비슷할 것이라고 전제했다는 것을 의미한다.

그러나 최근 전 세계적으로 생존율의 경우 과거에는 상상하지도 못할 정도로 개선됨에 따라 이런 전제가 많이 흔들리게 되었다.

---

9) 보험회사가 취득하는 3종류 이익(사차익, 이차익, 비차익) 중의 하나인 사차익(死差益)이 여기에 해당한다.

2017년 생명표[10]

(단위: 년) (Unit: Years)

연령 Age	사망확률 $_nq_x$	생존자수 l_x	사망자수 $_nd_x$	정지인구 $_nL_x$	총생존년수 T_x	기대여명 e_x^o	연령 Age
남녀전체(Both sexes)							
0	0.00274	100000	274	99772	8268809	82.69	0
1	0.00060	99726	60	398769	8169038	81.91	1
5	0.00044	99666	44	498210	7770268	77.96	5
10	0.00041	99622	41	498017	7272059	73.00	10
15	0.00101	99581	100	497685	6774042	68.03	15
20	0.00152	99481	152	497046	6276357	63.09	20
25	0.00210	99329	209	496144	5779311	58.18	25
30	0.00273	99120	270	494954	5283167	53.30	30
35	0.00379	98850	375	493367	4788213	48.44	35
40	0.00563	98475	554	491082	4294846	43.61	40
45	0.00887	97921	869	487594	3803765	38.85	45
50	0.01337	97052	1297	482176	3316171	34.17	50
55	0.01933	95754	1851	474385	2833995	29.60	55
60	0.02784	93903	2615	463374	2359609	25.13	60
65	0.04330	91288	3953	447244	1896235	20.77	65
70	0.07371	87335	6437	422160	1448991	16.59	70
75	0.14001	80898	11326	378386	1026831	12.69	75
80	0.25410	69572	17678	306270	648445	9.32	80
85	0.42124	51894	21860	205263	342175	6.59	85
90	0.61667	30034	18521	100808	136912	4.56	90
95	0.79336	11513	9134	30864	36104	3.14	95
100＋	1.00000	2379	2379	5240	5240	2.20	100＋
남자(Male)							
0	0.00302	100000	302	99754	7966993	79.67	0
1	0.00063	99698	63	398652	7867239	78.91	1
5	0.00054	99635	54	498025	7468587	74.96	5
10	0.00047	99581	47	497799	6970562	70.00	10
15	0.00131	99534	130	497389	6472763	65.03	15
20	0.00203	99404	202	496549	5975374	60.11	20
25	0.00280	99203	278	495347	5478825	55.23	25
30	0.00340	98925	336	493810	4983478	50.38	30
35	0.00479	98589	473	491843	4489668	45.54	35
40	0.00741	98116	727	488901	3997825	40.75	40
45	0.01236	97389	1204	484175	3508924	36.03	45
50	0.01959	96185	1884	476489	3024749	31.45	50
55	0.02921	94301	2755	464986	2548260	27.02	55
60	0.04177	91546	3824	448707	2083274	22.76	60
65	0.06355	87722	5575	425524	1634567	18.63	65
70	0.10412	82148	8553	391254	1209043	14.72	70
75	0.19060	73595	14027	335166	817789	11.11	75
80	0.32455	59567	19333	251091	482623	8.10	80
85	0.49732	40235	20010	149964	231532	5.75	85
90	0.67980	20225	13749	63235	81568	4.03	90
95	0.83233	6476	5390	16136	18332	2.83	95
100＋	1.00000	1086	1086	2196	2196	2.02	100＋
여자(Female)							
0	0.00244	100000	244	99791	8570762	85.71	0
1	0.00057	99756	57	398893	8470971	84.92	1
5	0.00034	99699	34	498402	8072078	80.96	5
10	0.00036	99665	36	498243	7573676	75.99	10
15	0.00071	99629	70	497989	7075433	71.02	15
20	0.00102	99559	102	497551	6577444	66.07	20
25	0.00141	99457	140	496949	6079892	61.13	25
30	0.00206	99317	205	496107	5582944	56.21	30
35	0.00280	99112	277	494898	5086837	51.32	35
40	0.00386	98835	382	493270	4591938	46.46	40
45	0.00542	98454	534	491020	4098668	41.63	45
50	0.00726	97920	711	487871	3607647	36.84	50
55	0.00975	97209	948	483793	3119776	32.09	55
60	0.01460	96261	1405	478049	2635983	27.38	60
65	0.02458	94856	2332	468972	2157934	22.75	65
70	0.04671	92524	4321	453072	1688962	18.25	70
75	0.09779	88203	8625	421613	1235890	14.01	75
80	0.20136	79578	16023	361453	814277	10.23	80
85	0.37307	63554	23710	260565	452824	7.13	85
90	0.58463	39844	23294	138382	192259	4.83	90
95	0.77811	16550	12878	45592	53877	3.26	95
100＋	1.00000	3672	3672	8285	8285	2.26	100＋

10) 통계청이 2018.12.3. 발표한 2017년 생명표 중 전국(Whole Nation) 간이생명표.

(2) 장수리스크

사람들의 수명이 짧았던 시절에는 오래 사는 것이 사람들의 소망이었으나, 지금처럼 고령사회가 되고 나서는 죽기 전까지 건강을 유지하면서 소비를 유지하는 것이 사람들의 소망이 되었다.

사람들이 예상보다 오래 살게 됨에 따라 발생하는 재정적 또는 경제적 부담을 장수리스크(longevity risk)라고 한다. 이 장수리스크는 기대여명을 잘못 예측해서 발생하는데, 이런 오측의 이유는 두 가지 측면에서 찾아볼 수 있다. 첫째는 전체 집단의 기대여명을 정확히 예측하였더라도 집단의 구성원들이 각기 다른 시기에 사망하게 됨에 따라 발생한다. 이를 변동성 리스크(volatility risk)라고 하는데 이는 보험의 원리에 따라 집단화(pooling)를 통해 헤징(hedging) 가능하다. 둘째는 전체 집단의 기대여명을 오측함에 따라 발생하는 추세리스크(mortality risk)로서 이는 보험회사가 충분히 많은 가입자에게 종신연금을 판매하여 집단화하였더라도 가입자들의 여명이 보험회사가 예측했던 것보다 추세적으로 증가할 경우 보험회사는 예상보다 많은 연금액을 지출해야 하므로 발생하는 리스크이다.

한편, 장수리스크는 정부, 보험회사와 개인이 각기 받아들이는 것이 다르므로 달리 정의하게 된다. 먼저 정부의 경우 국민의 기대여명 증가로 사회복지서비스 확대, 공적연금의 지급증가 등으로 발생하는 재정부담을 장수리스크로 정의한다. 보험회사의 경우 종신연금 가입자의 기대여명 증가로 예상보다 연금지급액이 증가하는 리스크이고, 개인에게 있어서는 기대여명이 증가함에 따라 은퇴 이후 등 전 생애를 고려해 계획한 소비 및 소득흐름이 지속가능하지 않아 발생하는 리스크에 해당한다.

다음 절에서는 기대여명을 어떻게 계산하는지를 자세히 살펴본다.

제 2 절 고령사회와 기대여명

1. 고령사회 진입

65세 이상 고령자의 비중이 전체 인구의 7% 이상이면 고령화사회(aging society)라고 하고 14% 이상이면 고령사회(aged society), 20% 이상이면 초고령사회(super−aged society)라고 한다. 통계청의 발표[11]에 의하면 2017년 11월 1일 기준으로 실시한 인구주택총조사의 전수집계 결과 총 조사 인구는 5,142만명이고 이중 65세 이상 고령인구는 712만명으로 14.2%를 점유하여 우리나라는 2017년부터 고령사회에 진입하였다.

이미 고령사회인 프랑스와 미국, 영국이 고령화사회에서 고령사회로 진입하는데 각각 115년, 72년, 45년이 걸렸고, 고령사회를 넘어 초고령사회에 있는 일본마저도 과거 고령화사회에서 고령사회로 바뀌는데 24년

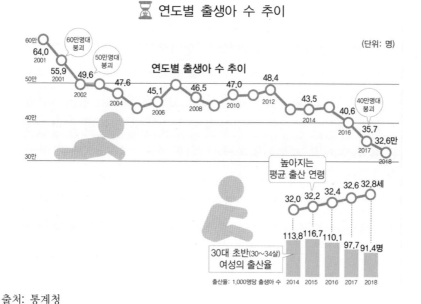

연도별 출생아 수 추이

출처: 통계청

---

11) 2017년 인구주택총조사 전수집계 결과(2018년 8월 27일), 통계청.

이라는 기간이 걸렸던 반면에 우리나라는 2000년의 고령인구 비중 7.3%에서 2017년 14.2%로 증가함에 따라 그 기간이 단 17년밖에 걸리지 않았다.

우리나라의 이런 급격한 고령화는 저출산으로 새로 유입되는 젊은 인구는 줄어드는 반면 수명연장으로 노령인구가 많아지는 형태로 인구구조가 변했기 때문이다. 실제 우리나라의 2018년 합계출산율[12]은 1명에 못 미치는 0.98명으로 경제협력개발기구(OECD)의 총36개 회원국가 중에 유일하게 1 미만인 수치인데, 이는 전쟁 등 특수상황을 제외하곤 역사적으로도 유례가 드물 정도로 낮은 수준이다. 1988년 63만명 수준이었던 신생아수는 2002년부터 2016년까지 15년 가까이 40만명대를 유지했지만 2017년 처음 30만명대로 낮아진 이후 2년 연속 급감세를 보여 2018년에는 32만 6천명 수준이 되었는데, 1970년 인구통계를 작성한 이후 가장 적은 값을 기록한 것이다.

반면에 사람들의 수명은 증가하여 1970년에 남자 신생아의 기대수명이 58.7세였고 여자는 65.8세였으나 2018년의 경우 남자의 기대수명이 79.7세였고 여자는 85.7세로 각각 21년, 19.9년 증가하였다.

한편 이런 인구고령화의 문제는 우리나라와 몇몇 국가만의 문제는 아니고 전 세계의 문제인데, 약 2백년 전인 1800년까지만 해도 전 세계 모든 국가에서 기대수명은 불과 40세도 되지 않았을 것이라고 추정되었다.

그러나 2백년간 세계 각국의 경제는 급속도로 성장하여 1인당 평균소득이 증가하였고, 대다수 사람들의 소득수준이 높아짐에 따라 양질의 식사로 영양 상태가 개선되었으며, 극심한 외부 추위와 더위 등을 피할 수 있는 안전한 주택에서 거주할 수 있게 되어 질병과 외부 사고로 인한 사망확률이 낮아져서 수명은 자연스럽게 늘어났다. 특히 의학 발달로 유아사망률이 줄어들고 사람들이 질병으로부터 안전하게 건강한 상태에 있을 수 있었다. 대다수 국가들이 국민 전체를 대상으로 하는 건강보험을 적용하기 시작함에 따라 특히 고령자의 경우 몸이 아프면 경제적 어

---

12) 합계출산율(total fertility rate)는 한 여자가 가임기간(15~49세)에 낳을 것으로 기대되는 평균 출생아수이다.

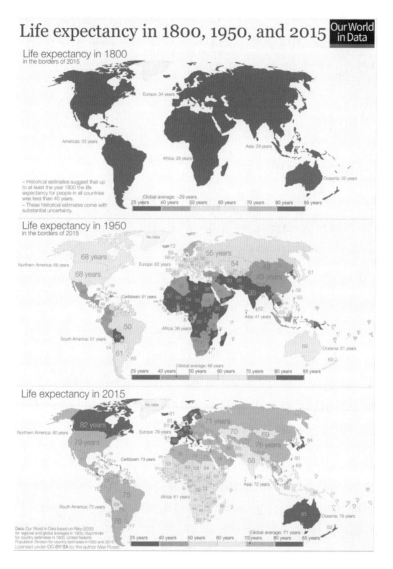

Max Roser(2018)는 국가별 기대수명을 시각적으로 비교하기 위해서 현재의 국경을 그대로 적용하였고, 국가별 추정치가 불확실한 1800년의 경우 모든 국가의 기대수명은 40세보다 짧을 것으로 확신하였다. 기대수명은 40세 전후는 상단 두 그림에서 검은색 계열로, 50세에서 60세대는 회색 계열로, 70세 이상은 하단 그림에서 검은색 계열로 표시되었다.[13]

---

13) Max Roser(2018), Twice as long—life expectancy around the world. https://ourworldindata.org/life—expectancy—globally.

려움 없이 병원에 갈 수 있게 되므로 사망률이 낮아졌다. 그 결과 현재
는 전 세계적으로 기대수명은 2백년 전보다 2배 가량 늘어난 70세 이상
이 되었다.

2. 기대여명

(1) 기대여명과 기대수명

앞으로 남은 인생을 여명(餘命)이라고 한다. 사람은 모두 죽게 되어
있어서 누구에게나 여명은 있으나 그 기간이 얼마나 될지는 신이 아닌
이상 알 수가 없다. 사람들은 의사로부터 말기 암 시한부 선고를 받지
않은 이상 매우 주관적으로 자신의 여명을 생각하게 되는데, 상대적으로
나이가 많은 사람들이 적은 사람보다 더 오래 살 거라고 기대한다고 한
다. 영국의 한 설문조사에서 60세 사람들에게 75세까지 살 확률이 얼마
나 될 것 같냐고 물어보니 평균적으로 60%가 안 될 거라고 답했다.[14] 객
관적으로 60세 고령자가 75세까지 살 확률은 80% 가까이 되므로, 이보
다 낮게 생각하는 것이다. 반면에 60세보다 고령자인 80세 사람들에게
95세까지 살 확률을 물어보니 40% 가까이 될 것이라고 대답하였다. 객
관적으로는 20%도 되지 않았는데, 이보다 훨씬 높게 생각하는 것이다.
여명을 너무 짧게 예상하면 실제 생존기간 동안 쓸 돈을 빨리 써버려서
노후빈곤에 시달리게 되고, 여명을 과대평가하면 여생이 얼마 남지 않았
음에도 남은 재산을 소비하는 것을 지나치게 꺼려서 은퇴 이후의 생활수
준이 낮아질 위험이 있다.

그렇다면 각 개인이 막연히 생각하는 주관적인 여명이 아니라 모두가
인정하는 객관적인 여명은 무엇일까?

그것은 같은 시대에 살고 있는 같은 나이의 사람들을 대상으로 평균

---

14) Josephine Cumbo(2018, April 17), *Older Britons pay the price for underestimating lifespans*, Financial Times.

적으로 여명이 얼마일 것이라고 예측하는 과정을 통해 알 수 있다. 즉, 어떤 연령의 사람이 향후 더 생존할 수 있는 기간을 여명으로 정의하고 기대여명(life expectancy)은 이런 장래생존기간(time – until death)의 기댓값, 즉 평균값으로 계산하게 되는 것이다. 따라서 기대여명은 30세와 40세 등 연령마다 서로 다른 값으로 계산될 수밖에 없고, 같은 나이일지라도 당연히 신체적 차이가 분명한 남자와 여자가 서로 다르고, 10년 전의 40세 남자를 대상으로 계산한 기대여명과 오늘 40세 남자를 대상으로 계산한 기대여명이 서로 다를 수밖에 없다.

우리나라의 경우 통계청에서 매년 연령대별 기대여명을 발표하고 있는데, 예를 들어 2017년에 40세인 남자들의 기대여명은 40.7년이어서 평균적으로 80.7세에 사망하게 될 것으로 예상하며, 같은 나이의 여성들의 기대여명은 이보다 5.8년이 더 긴 46.5년이어서 평균적으로 86.5세에 사망할 것으로 예상하고 있다.

⏳ 기대여명[15]

김통통, 너의 기대여명을 살펴볼까?

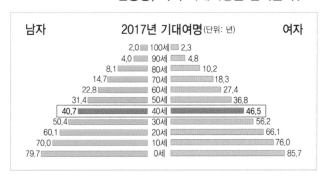

2017년 40세 남자는 앞으로 40.7년, 여자는 46.5년
더 생존할 것으로 예상되고 있어!

출처: 통계청, 2017년 생명표.

---

15) 통계청(2018), 김통통의 생명표, 나는 언제까지 살 수 있을까? https://m.facebook.com/story.php?story_fbid=2221049241442476&id=190557490965001.

한편, 특별히 0세인 신생아의 기대여명, 즉 앞으로 생존할 것으로 기대되는 평균 생존연수를 기대수명(life expectancy at birth)이라고 말한다. 2017년 신생아를 기준으로 한국인의 기대수명은 82.7세이고, 남자 신생아의 기대수명은 79.7세이며, 여자 신생아의 기대수명은 이보다 6년이 긴 85.7세이다.

👥 장래생존기간(time-until death)

x세의 사람의 장래생존기간은 현재 x세인 사람이 사망할 때까지 걸린 시간을 말한다. 이 사람이 언제 사망할지 알 수 없기 때문에 확률의 문제가 되므로 장래생존기간은 확률변수가 된다. 이를 국제계리기호로 표기하면 다음과 같다.

- (x): x세의 사람
- $T(x)$: (x)의 장래생존 기간

따라서 신생아 (0)의 장래생존 기간, 즉 사망할 때까지 걸리는 시간은 $T(0)$은 특별히 X라고 하는데, 다음의 식이 성립함을 알 수 있다.

- $T(x) = X - x$

(x)가 사망하는 시점의 연령은 $x + T(x)$이고, (x)가 특정 시점 t 이전에 사망한다는 것은 $T(x)$가 t와 같거나 이보다 적다는 뜻으로 해석할 수 있다. 이를 시간선 위에 그림으로 나타내면 다음과 같다.

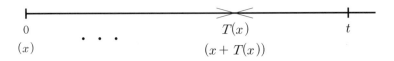

따라서, 앞서 살펴본 사망률 $_tq_x$는 (x)의 장래생존기간 $T(x)$이 t와 같거나 이보다 적을 확률이므로 다음과 같이 확률함수로 나타 낼 수 있다.

- $_tq_x = \Pr(T(x) \leq t)$

마찬가지로 생존율 $_tp_x$는 (x)의 장래생존기간 $T(x)$가 t보다 클 확률이므로 다음과 같다.

- $_tp_x = \Pr(T(x) > x) = 1 - {}_tq_x$

👥 장래 정수생존기간(curtate future lifetime)

만 30세의 사람이 5년 9개월 후에 사망하였을 때, $T(30) = 5.75$ 로 표기하게 되지만 일반적으로는 5.75년이라는 표현보다 대략 정 수값인 6년으로 표기하는 것이 유용한 경우가 많다. 이렇게 정수 로 표현하는 장래생존기간을 정수생존기간 혹은 개산(槪算)생존기 간, 이산생존기간이라고 말하는데, 다음과 같이 정의된다.

- $K(x) \equiv \lfloor T(x) \rfloor = \lfloor X - x \rfloor$

여기서 $\lfloor \rfloor$은 "floor"라고 하는데, '$\lfloor \rfloor$ 내의 값과 같거나 작은 수 중 최대의 정수'를 의미한다. 예를 들자면 $\lfloor 3.75 \rfloor = 3$이다.

따라서 $\Pr[K(x) = k]$는 (x)의 사망시점이 정수 k와 $k+1$ 사이에 있는 것을 의미하고, 다음과 같은 사망률로 표현됨을 알 수 있다.

- $\Pr[K(x) = k] = \Pr[k \leq T(x) < k+1] = {}_{k|}q_x$

영국 고령자들은 기대여명을 과소예측한 것에 대해 대가를 치른다[16]

다양한 연령대의 사람들이 자신의 여명이 얼마일지에 대하여 오판하고 있다. 1940년대에 태어난 65세 남성의 경우 75세까지 생존할 확률을 65%라고 설문에 응답했는데, 이는 공식적인 확률인 83%보다 훨씬 낮았다. 여성도 마찬가지로, 객관적 수치인 89%보다 낮은 65%를 예상했다.

이 연구는 IFS(Institute for Fiscal Studies)의 연구자들이 Office for National Statistics의 공식 생존율과 개인들이 예상하는 기대여명을 비교한 결과이다.

이 분석이 중요한 이유는 많은 사람들이 자신의 은퇴 생활에 필요한 소득을 미리 만들어야 하기 때문이다. "50대, 60대 및 70대에 여명을 너무 짧게 예상하면 실제 생존기간 동안 쓸 돈을 빨리 쓸 수 있다."라고 IFS의 경제학자이자 보고서 작성자인 David Sturrock는 말한다. 반면에 최고령대임에도 여명을 과대평가하는 사람들은 여생이 얼마 남지 않았음에도 남은 재산을 소비하는 것을 지나치게 꺼리는 경향이 있다. 이렇게 여명을 잘못 판단하면 은퇴 이후 생활수준이 낮아질 위험이 있다.

60세 독신자를 포함하는 일부 그룹은 여명에 대해 다른 사람들보다 더 짧게 예상했다. 80세까지 생존할 수 있는 객관적인 확률은 각각 77%와 67%였지만, 이 그룹의 응답은 49%와 39%로 상당한 차이를 보였다. 이는 독신자들은 은퇴 소득을 조기에 소진하기 쉽다는 것을 뜻한다. 반대로, 70대와 80대 노령자들은 평균적으로 90세 이상으로 살 가능성에 대해 지나치게 낙관적인 것으로 나타났다. 따라서 이들은 훨씬 더 오래 살 것을 예상해서 너무 적게 소비하게 된다.

최근 영국의 정책 변화[17]로 인해 퇴직 후 소득을 제공하는 종신연금상품의 판매가 침체되었다. 대신, 55세 이상의 대부분 사람들은 퇴직소득을 현금 저축계좌 또는 주식시장 기반의 인출 프로그램(drawdown plan)에 넣어서 퇴직 후 생애소득을 조달하고자 한다. 연금사업자 AJ Bell의 선임 분석가인 Tom Somby는 다음과 같이 말한다.

---

16) 출처: Josephine Cumbo(2018, April 17), *Older Britons pay the price for underestimating lifespans*. Financial Times.

17) 2014년 4월 영국은 퇴직연금 적립금을 반드시 연금으로 수령해야 하는 의무를 폐지하였다.

"기대여명을 과소평가하면 일찍 은퇴자산을 소비할 위험이 있다. 종신연금 의무 구매 제도 폐지(pension freedom)로 사람들이 퇴직자산을 낭비했다는 명백한 증거는 없지만, 몇몇 사람들은 비용을 차감한 실질수익률이 5%로 예상됨에도 매년 10% 이상을 인출하고 있다. 기대여명에 대한 과소평가, 은퇴자산의 투자수익에 대한 과대평가와 과잉 지출은 은퇴자들의 미래에 대재앙이 될 것이다."

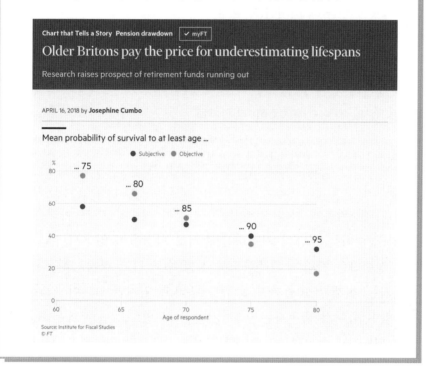

(2) 기대여명의 계산

그렇다면 우리나라 40세 남자의 기대여명은 어떻게 40.7년으로 계산되어서, 평균적으로 약 81세에 수명이 다한다고 말할 수 있는 것인가?

40세 남자들 중에서는 1년 안에 단명하는 사람도 있고 107세까지 장수하는 사람도 있으니, 일단은 이 40세 남자들 모두의 사망시 연령을 구해서 평균을 구하면 될 것이다. 그렇다면 어떻게 모든 40세 남자들을 임종시까지 쫓아다니면서 사망시 연령을 알아낼까?

간단하게 계산법을 알아보기 위해서, 10층짜리 아파트에 40세 남자

10명이 층마다 한 명씩 살고 있다고 가정해보자. 당연히 불가능한 이야기이지만, 이 사람들의 여명이 0년(즉 1년 이내 사망), 1년, 2년, 3년, 4년, 5년, 6년, 7년, 8년, 9년이라고 한다면, 즉 이 남자들은 각각 40세, 41세, 42세, 43세, 44세, 45세, 46세, 47세, 48세, 49세에 사망하는 셈이다. 이때 각자의 여명을 모두 더해서 10명으로 나누면 이들 40세 남자들의 평균여명을 계산할 수 있다. 즉, 10층에 사는 사람의 여명, 9층에 사는 사람의 여명, 그리고 이 순서대로 맨 아래층에 사는 사람의 여명을 단순히 더하고 현재 생존해 있는 10명으로 나누는 것이 가장 자연스럽다. 따라서 평균여명은 다음 식으로 4.5년이 구해진다.

$$\frac{0년 + 1년 + \cdots + 9년}{10} = 4.5년$$

그런데, 맨 위층에 가장 빨리 죽는 사람이 거주하고 그 아래층은 이 사람보다 장수하는 사람이 거주하는 순서로 사람들이 있어서, 맨 아래층에 가장 장수하는 사람이 거주하도록 정할 수 있다고 하자. 그렇다면, 40세 생존자는 현재는 10층까지 모두 거주하고 있지만, 1년이 지나면 맨 위층 사람이 죽어서 생존자는 9층까지만 살고 있고, 2년 후에는 8층까지만 살게 된다. 이 순서대로라면 9년 후에는 1층에만 거주하는 사람이 있게 된다. 이를 다음 그림과 같이 색칠한 부분에 생존자가 살고 있는 것으로 표현할 수 있다.

이 경우 각층에 거주하고 있는 40세 남자의 여명을 모두 더해서(즉, 층마다 색칠한 부분의 숫자를 가로로 세어 더하는 것) 45년을 구한 후 10명으로 나누어 평균값인 4.5년을 구하는 것이나, 해마다 생존자가 거주하는 층수를 더해서(즉, 매년 색칠된 층수를 세로로 세어 더하는 것) 45를 구한 후 10명으로 나누어 평균값 4.5를 구하나 그 결과는 같게 된다. 즉, 각 층에 사는 사람들마다의 여명을 좇아가면서 구하는 대신에 매년 생존자의 수를 세면 기대여명을 구할 수 있는 것이다.

⧗ 40세 남성 10명의 생존위치 도해

	현재	1년후	2년후	3년후	4년후	5년후	6년후	7년후	8년후	9년후
10층										
9층										
8층										
7층										
6층										
5층										
4층										
3층										
2층										
1층										

따라서, 기대여명은 사람들별로 여명이 얼마 남았는가를 조사(층별로 거주자의 여명을 조사)하는 것이 아니라 매년마다 몇 명이 생존했는지를 조사(연도별로 생존자가 거주하는 가장 높은 층을 조사)하면 된다. 즉, 우리나라 2017년 40세 남자의 기대여명은 1년 후인 2018년 생존자 수, 2년 후인 2019년 생존자수(추정값) 등을 구하여 모두 더한 후 2017년의 생존자수로 나누면 구해진다.[18]

👥 (정수)기대여명 e_x

연령이 x세인 사람의 기대여명은 전체 l_x명 생존자의 장래생존 기간의 평균값이다. 즉, x세에 도달한 사람이 그 후 생존하는 햇수의 평균을 의미한다. 만약 1년 단위로만 생존을 고려한다고 가정하면, 이는 각 연령대의 생존자수를 더한 후 l_x명으로 나누어 구해질 수 있다. 이를 정수기대여명(혹은 개산기대여명)이라 하고 국제계리기호 e_x로 표기한다. 그 식은 다음과 같다.

---

18) 통계청은 '통계법' 및 '가족관계의 등록 등에 관한 법률'에 따라 전국 읍·면·동 행정복지센터 및 시·구청에 접수된 사망신고 자료를 기초로 사망신고 지연건수, 연령미상 등을 보정하여 통계표를 작성하고 기대여명을 산출한다.

- $e_x \equiv E[K(x)] = \dfrac{l_{x+1} + l_{x+2} + \cdots + l_{\omega-1}}{l_x} = \sum\limits_{k=1}^{\omega-1} {}_k p_x$

여기에서 ω는 사망시 연령이며, 1년 미만으로 생존하는 경우에 여명을 0으로 정수 처리하여 계산한 값이다.

완전기대여명 e_x^o

1년 미만으로 생존하는 경우에 여명을 0으로 정수 처리하지 않고 그 값을 그대로 여명으로 계산한다면, 사망시점이 연속적으로 분포되어 있다고 생각하여 계산하는 것이다. 이렇게 계산된 기대여명을 완전기대여명이라 하고 국제계리기호 e_x^o이라고 표기한다. 그 값은 매 순간의 사망률인 사력 μ_x을 이용하여 적분을 통해서 다음과 같이 구해진다.

- $e_x^o = \displaystyle\int_0^{\omega-x} t \cdot {}_t p_x \cdot \mu_{x+t}\, dt$

  $= \displaystyle\int_0^{\omega-x} {}_t p_x\, dt$

확률변수의 기댓값과 분산

확률변수란 모든 결과치를 실수에 대응시켜주는 함수(real-valued function)를 의미하며, 이산확률변수와 연속확률변수로 구분된다. 일반적으로 이산확률변수 X의 평균 $E(X)$과 분산 $Var(X)$은 다음과 같이 구할 수 있다.

- $E(X) = \sum\limits_x x \times \Pr(X = x)$
- $Var(X) = E[(X - E(X))^2] = E(X^2) - [E(X)]^2$

한편, 장래정수생존기간은 이산확률변수이고 장래연속생존기간은 연속확률변수가 된다. 따라서 정수기대여명은 이산확률변수의 기댓값이므로 $e_x \equiv E[K(x)] = \sum_{k=1}^{\omega-1} {}_k p_x$ 으로 계산된다.

완전기대여명(complete expectation of life) 그리고 정수(혹은 개산)기대여명(curate expectation of life)과 관련된 이상의 논의를 간단히 도식으로 정리하면 아래와 같다. 즉, 처음 l_x 명에 대하여 시간이 경과함에 따라 생사가 판별되면 생존기간을 단계별로 산출한다.

• l_x ⬈ d_x
⬊ l_{x+1} ⬈ d_{x+1} $\cdots$
⬊ l_{x+2} $\cdots$

• UDD 가정(Uniform distribution of Deaths throughout the year: 사망은 연중앙에서 발생) 적용

$\therefore\ l_x \times e^{o_x} =$ (1차년도 생존기간: $\frac{1}{2} \times d_x + l_{x+1}$)

$+$ (2차년도 생존기간: $\frac{1}{2} \times d_{x+1} + l_{x+2}$) $+ \ ...$

따라서 e^{o_x}(완전기대여명)

$$= \frac{l_{x+1} + l_{x+2} + ... + l_{\omega-1} + \frac{1}{2} \times (d_x + d_{x+1} + ... + d_{\omega-1})}{l_x}$$

$$= \sum_{k=1}^{\omega-x} {}_t p_x + \frac{1}{2} = e_x (정수기대여명) + \frac{1}{2}$$

제2장의 요약

□ 보험은 우연한 사고로 손실이 발생하였을 때 손실을 정확히 예측할 수 있는 순수리스크를 대상으로 한다.

　○ 16세기 이후 통계를 통해 사망률을 계산하고 개개인의 여명을 객관적인 통계적 수치로 표현함으로써 근대적 보험상품이 등장한다.

□ x세의 생존율 p_x는 연령이 x세인 사람이 1년 동안 살아있을 확률이고, 반대로 x세의 사망률 q_x는 1년 이내에 사망할 확률이다.

　○ 모든 사람은 1년 동안 살아있지 않았다면 반드시 1년 이내에 사망한 것이므로 다음과 같은 식이 성립한다.

　　• $p_x + q_x = 1$

□ x세의 사람의 장래생존기간 $T(x)$은 현재 x세인 사람이 사망할 때까지 걸린 시간을 뜻하는 확률변수이다.

　○ 사망률 $_tq_x$는 (x)의 장래생존기간 $T(x)$이 t와 같거나 이보다 적을 확률이므로 다음과 같이 확률함수로 나타낼 수 있다.

　　• $_tq_x = \Pr(T(x) \le t)$

□ 연령이 x세인 사람의 기대여명 e_x는 x세에 도달한 사람이 그 후 생존하는 햇수의 기댓값을 의미한다.

　　• $e_x \equiv E[K(x)] = \dfrac{l_{x+1} + l_{x+2} + \cdots + l_{\omega-1}}{l_x} = \displaystyle\sum_{k=1}^{\omega-1} {}_kp_x$

제2장의 연습문제

1 일반적으로 손해가 발생할 가능성을 ( )라고 한다.

2 어떤 집단에 소속된 사람들의 연령별 사망률에 기초하여 사망 및 생존의 상태를 나타내는 표를 ( )라고 한다.

3 보험이 대상으로 하고 있는 리스크는, 도덕적해이(moral hazard)가 상대적으로 적어서 우연한 사고로 손실이 발생하였을 때 손실을 보다 정확히 예측할 수 있는 ( )이다.

4 0세의 사람과 30세의 사람이 향후 30년간 동시에 생존할 확률이 80%이고, 0세의 사람이 향후 20년간 생존할 확률이 90%라고 하자. 20세의 사람이 60세 이전에 사망할 확률은 얼마인가?

5 $_{n|}p_x + _{n|}q_x$의 값을 구하라.

6 1,000명의 신생아가 있고 매년 10명씩 사망해서 100년 후에 모두가 사망한다고 가정할 때, 만 50세가 51세까지 생존하였다가 52세 전에 사망할 확률을 구하라.

7 다음 조건하에서 40세 사람이 50세와 51세 사이에 사망할 확률을 구하라.

- $l_x = 1000 - 10x\,(단, 0 \le x \le 100)$

8 다음 식이 성립함을 l_x와 d_x를 써서 보여라.

- $\Pr[K(x) = k] = {}_kp_x\,q_{x+k}$

9 다음 무한급수의 값을 국제계리기호를 써서 나타내라.

- $q_x + p_x(1 + q_{x+1}) + {}_2p_x(1 + q_{x+2}) + \cdots$

10 2019년 4월부터 적용된 제9회 경험생명표의 5세 단위 연령별 사망률이 다음과 같다. 만 30세 남자가 만 32세까지 생존할 확률은 얼마인가?

연 령	남 자	여 자
0	0.00319	0.00272
5	0.00012	0.00008
10	0.00008	0.00005
15	0.00020	0.00013
20	0.00031	0.00018
25	0.00043	0.00022
30	0.00051	0.00030
35	0.00055	0.00036
40	0.00078	0.00047

11 다음 중 맞는 것에 ○표, 틀린 것에 ×표 하시오.

① 연령이 x세인 사람이 1년 동안 살아있을 확률이 p_x이고, 1년 이내에 사망할 확률이 q_x이면, 항상 $p_x + q_x = 1$이다. (   )

② 우리나라는 OECD국가 중에서 가장 빨리 고령화사회에서 고령사회로 진입한 나라이다. (   )

③ 남·녀간 기대수명은 다르다. (   )

④ 연령별로 기대수명은 다르다. (   )

⑤ 연령이 증가할수록 기대여명도 증가한다. (   )

⑥ 손해가 발생할 가능성을 리스크라고 하는데, 리스크는 모두 보험가입 대상이 된다. (   )

⑦ 생명표상에 40세 남성의 수가 100명이고 41세 남성의 수가 90명이면 40세 남성의 연간 사망률은 10%이다. (   )

⑧ 우리나라는 1955년부터 인구조사를 실시하여 경험생명표를 작성하여 보험료 산출에 사용하였다. (   )

⑨ 사람들이 예상보다 오래 살게 됨에 따라 발생하는 재정적 또는 경제적 부담을 장수리스크라고 한다. (   )

⑩ 장수리스크는 집단화(pooling)를 통해 완전히 대비할 수 있다. (   )

제**3**장

생명보험

제1절 생명보험

1. 보험상품의 개요

(1) 보험과 보험상품

우리나라 상법은 제638조에서 "보험계약은 당사자 일방이 약정한 보험료를 지급하고 재산 또는 생명이나 신체에 불확정한 사고가 발생한 경우에 상대방이 일정한 보험금이나 그 밖의 급여를 지급할 것을 약정함으로써 효력이 생긴다."라고 정하고 있고, 보험업법 제2조에서는 보험상품을 "위험보장을 목적으로 우연한 사건 발생에 관하여 금전 및 그 밖의 급여를 지급할 것을 약정하고 대가를 수수(授受)하는 계약"으로 정하고 있다. 이런 맥락에서 흔히 "보험"은 사람들이 미리 십시일반 돈을 모아서 사고가 발생했을 때 금전적인 보상을 받는 계약이나 제도로 정의되곤 한다.

따라서, 알지도 못하는 사람이 죽느냐 사느냐를 내기 삼아 거래했던 중세 유럽의 생명보험계약뿐만 아니라, 우리나라 삼한시대(三韓時代)부터 이어져 내려왔다는 상호부조의 계(契)도 보험으로 볼 수 있고, 뜻하지 않은 자연재해로 인해 농사를 망쳤을 때 농지 임차료를 면제했다던 기원전 1750년경 함무라비 법전에 적혀있는 고대 바빌론의 제도와 원시인들이 공동생활하면서 곤경에 처한 사람들에게 식량을 모아 나누어 주는 상부상조의 행위들마저 보험이라고 할 수 있다.

하지만, 앞장에서 살펴본 리스크의 관점에서 현대적 보험을 정의해 본다면, 보험은 비슷한 사고의 발생으로 인하여 재산상 손실이 생길 리스크가 있는 사람들(경제주체)이 모여서 자신의 리스크를 제3자(보험회사)에게 넘겨서 경제생활의 리스크를 없애거나 낮추고자 하는 거래[1]가 된

---

1) Hax(1964)는 "보험은 규모를 알 수 없는 불확실한 손실과 작지만 알려진 손실(보험료)과의 교환이다."라고 하였고, Arrow(1964)는 "보험은 지금의 화폐와 특정 사

다. 이렇게 정의한다면, 보험을 계약이나 제도라는 매우 추상적이고 손에 잡히지 않는 말 대신에 일반 사람들이 상거래에서 쉽게 쓰는 말인 상품이라고 말할 수 있게 된다.

(2) 보험상품의 특징

그런데 이 보험상품은 우리가 흔히 마트에서 볼 수 있는 식료품이나 공산품 같은 일반상품과는 확연한 차이가 있다. 물론 에어컨을 판매할 때 가정 내 설치서비스를 제공하듯이 재화(goods)와 서비스(service)는 결합되어 판매되는 것이 일반적이어서 재화만 놓고 비교하는 것은 다소 무리이지만, 이 글에서는 독자의 이해 편의를 위해 서비스는 제외하고 재화만 따로 떼어내어 일반상품으로 설명한다.

첫째, 일반상품의 경우 눈으로 볼 수 있고 만질 수 있으며, 표준화된 상품이라면 언제나 동질한 형태로 제공된다. 반면 보험상품은 무형(intangibility)의 금전적 권리에 대한 계약이어서 보험계리사가 각 보험상품마다 작성한 '보험약관'과 '사업방법서', '보험료 및 책임준비금 산출방법서'라는 기초서류로 표현되므로 소비자가 판매 과정에서 상품을 만져 볼 수 없고, 보험금 지급여부에 따라 만족도가 상이하여 같은 상품이라도 이질성(heterogeneity)이 있다.

둘째, 일반상품은 생산자가 상당한 재료비와 인건비 등의 비용을 써가면서 오랜 시간을 들여야만 만들어지고 추가로 공급하려면 원재료 및 인력 투입, 설비투자 등의 물리적 생산활동이 필요하다. 특히, 신상품을 개발하는 경우 상당한 시간과 비용이 소요된다. 극단적인 사례일지 모르지만 미국 제약협회(PhRMA)의 발표에 따르면 신약을 개발할 때 통상 연구개발, 임상실험 등에 10년 이상의 기간이 소요되고 개발비용도 신약 1개당 평균 13억 달러가 소요된다고 한다.[2] 또한 신형 자동차를 개발할

건 발생에 의존해 지급해야 하는 화폐 간의 교환이다."라고 하였다(Zweifel & Eisen, 이용우·이용주 역(2017), 「보험경제학」, 글바당, p. 19).

2) 생명공학정책연구센터(2010), 「국내신약개발 R&D 활성화를 위한 신약개발 현황

때에는 차량 설계와 테스트용 시제품 차량 제작, 주행 테스트 등을 하는
통에 최소 2년 이상의 기간이 소요된다고 한다.[3] 그러나 보험상품은 상
품설계가 생산으로 쉽게 연결되기 때문에 제작기간이 짧고 진입비용이
적게 든다. 그리고 시장에 공시된 다른 회사 보험상품의 약관과 각종 상
품안내장 등을 통해서 쉽게 복제할 수 있으며 상품 재생산에 들어가는
별도의 비용이 없어서 무제한 추가 공급이 가능하다.

셋째, 일반상품은 실물을 주고받으면서 거의 동시에 대금 결제가 완
료되기 때문에 상당 부분의 경제적 리스크가 구매자에게 이전되고 판매
즉시 소비되어 상거래가 종결된다. 이때 생산자는 제조원가와 기술력 등
을 토대로 가격을 결정하여 제시하고 소비자는 그 상품을 소비하면서 쉽
게 효용을 얻을 수 있으므로 상품의 가격이 적당한지 즉각 판단하게 된
다. 반면, 보험상품은 미래지향적 상품이어서 소비자는 구입 즉시 효용
을 느끼는 것이 아니라 장래에 우연히 발생하는 사망, 질병, 연금 개시
등 보험사고가 있을 때 깨닫게 된다. 또한 계약기간(보험기간) 동안 생산
자(혹은 판매자)가 보험금 지급이라는 약관상 의무를 지속적으로 이행해
야 하므로 소비는 장기간 이연된다. 즉, 상거래는 보험계약을 체결하는
시점에 종결되는 것이 아니라 보험계약기간이 다 지나야 비로소 끝이 난
다. 극단적으로 종신보험의 경우에는 피보험자(the insured)가 사망해야
거래가 종료된다.

네 번째 차이점은 정보 비대칭성(asymmetric information)으로 앞선 세
가지 보다 훨씬 더 확연하다. 정보 비대칭성은 계약 당사자 중 한쪽은
뭔가를 알고 있으나 상대방은 이를 모르는 것인데, 보험상품에 있어서
판매자와 소비자 간에 눈에 띄게 나타난다.[4] 일반상품의 경우 상품을 소
비하면서 효용을 얻는 일상적인 경험이 가능하여 상품의 정보가 특별히

및 신약개발비 분석」.

3) 뉴스웨이(2019.05.09 09:15), 「현대차, 신차 개발기간 2년으로 단축⋯ 정의선 부회
   장 직접 지시」 참조.
4) Kenneth Arrow(1963), *Uncertainty and the welfare economics of medical care*,
   American Economic Review.

생산자에게 편중되기 어렵다. 반면 보험상품은 보험계리라는 고도의 전
문적인 과정을 통해 제작되기 때문에 판매자는 상품의 특성, 수익, 위험
구조 등에 대한 정보를 수월하게 분석할 수 있으나, 소비자 입장에서는
이를 이해하기 쉽지 않아서 보험회사가 아무리 충분한 정보를 제공한다
고 하더라고 소비자는 그 보험상품에 내재된 위험을 정확히 이해하고 합
리적인 의사결정을 하는 데 한계가 있을 수밖에 없다.

보험상품과 일반상품 특성 비교[5]

구 분	보험상품	일반상품
상품 형태	무형성 이질성	유형성 동질성
생산 과정	적은 진입비용 단기간 복제가능 무제한 추가공급	재료비 및 인건비 등 생산비용 발생 생산기간의 장기성 추가공급의 어려움
거래 성격	소비의 장기성 사후적 효용 인식	거래와 동시에 상거래 종료 제조원가와 기술력으로 가격 결정
정보의 비대칭성	상품정보와 관련 분석력이 생산자에게 편중	소비를 통해 즉시 효용을 경험하므로 정보가 편중되기 어려움

2. 생명보험상품

(1) 보험상품의 유형

사람들은 흔히 보험상품의 종류가 너무 많고 복잡하다고 한다. 보험
금 지급의 대상이 되는 보험사고가 워낙 다양하고 보험금의 종류나 규모
도 보험회사마다 보험상품마다 각기 다르기 때문이다.

따라서 이렇게 다양한 보험상품을 취급하고 있는 보험회사를 규제하
기 위해서 보험업법과 보험업감독규정은 보험상품을 종목별·종류별로
일일이 정의하고 분류하고 있다. 먼저 보험업법 제2조(정의)에서는 생명

---

5) 김호균(2019), "보험상품과 규제", 「월간 손해보험」, 제608호.

보험회사가 취급할 수 있는 생명보험상품과 손해보험회사가 취급할 수 있는 손해보험상품, 그리고 생명보험회사와 손해보험회사 모두가 취급가능한 제3보험상품을 정의하고 있다.

먼저, 생명보험상품은 위험보장을 목적으로 사람의 생존 또는 사망에 관하여 약정한 금전 및 그 밖의 급여를 지급할 것을 약속하고 대가를 수수하는 계약으로 생명보험과 연금보험을 말한다. 이를 감독규정 별표에서 다음과 같이 정하고 있다.

보험업감독규정 별표1의 생명보험상품 구분

보험종목	구분기준
생명 보험	사람의 생존 또는 사망에 관하여 약정한 금전 및 그 밖의 급여를 지급할 것을 약속하고 대가를 수수하는 보험. 다만, 연금보험 및 퇴직보험을 제외한다.
연금보험 [퇴직보험 포함]	사람의 생존 또는 퇴직에 관하여 약정한 금전 및 그 밖의 급여를 연금 또는 일시금(퇴직보험 해당)으로 지급할 것을 약속하고 대가를 수수하는 보험

그리고, 손해보험상품은 위험보장을 목적으로 우연한 사건(다목에 따른 질병·상해 및 간병은 제외한다)으로 발생하는 손해(계약상 채무불이행 또는 법령상 의무불이행으로 발생하는 손해를 포함한다)에 관하여 금전 및 그 밖의 급여를 지급할 것을 약속하고 대가를 수수하는 계약이다. 법규에서는 화재보험, 해상보험(항공·운송보험 포함), 자동차보험, 보증보험, 재보험, 책임보험, 기술보험, 권리보험, 도난보험, 유리보험, 동물보험, 원자력보험, 비용보험, 날씨보험 등으로 그 세부항목을 열거하고 있다.

마지막으로 제3보험상품은 위험보장을 목적으로 사람의 질병·상해 또는 이에 따른 간병에 관하여 금전 및 그 밖의 급여를 지급할 것을 약속하고 대가를 수수하는 계약인데, 상해보험과 질병보험, 간병보험을 말한다.

보험업감독규정 별표 1의 제3보험상품 구분

보험종목	구분 기준
상해 보험	사람 신체에 입은 상해에 대하여 치료에 소요되는 비용 및 상해의 결과에 따른 사망 등의 위험에 관하여 금전 및 그 밖의 급여를 지급할 것을 약속하고 대가를 수수하는 보험
질병 보험	사람의 질병 또는 질병으로 인한 입원·수술 등의 위험(질병으로 인한 사망을 제외한다)에 관하여 금전 및 그 밖의 급여를 지급할 것을 약속하고 대가를 수수하는 보험
간병 보험	치매 또는 일상생활장해 등 타인의 간병을 필요로 하는 상태 및 이로 인한 치료 등의 위험에 관하여 금전 및 그 밖의 급여를 지급할 것을 약속하고 대가를 수수하는 보험

또한, 금융감독원은 각 생명보험회사들이 매년 각기 다른 보장내용 등을 통해서 시장에 출시한 생명보험상품들을 일관되게 분류하고 관리할 수 있도록 업무보고서에서 상품 분류기준을 제시하고 있다. 먼저 보험가입목적에 따라서 보장성보험[6]과 저축성보험으로, 계약대상에 따라서 개인보험과 단체보험으로, 이자율의 적용형태 등에 따라 금리확정형

법규 등에 따른 생명보험상품의 종류

규정상 분류		해당 상품
보장성 보험	사망보험	종신보험, 정기보험, 질병사망보험
		변액종신, 변액유니버셜(보장성)
	(제3보험)	질병보험, 상해보험, 장기간병보험
저축성 보험	생존보험	일반연금보험, 교육보험
		연금저축, 변액연금, 자산연계형보험
	생사혼합보험	유니버셜보험, 장기저축성보험
		변액유니버셜(적립형)
	개인퇴직연금(IRP)	

---

6) 감독규정 제1-2조(정의) 제3호에서 "보장성보험"이란 기준연령 요건에서 생존시 지급되는 보험금의 합계액이 이미 납입한 보험료를 초과하지 아니하는 보험을 말하며, "순수보장성보험"이란 생존시 지급되는 보험금이 없는 보장성보험을 말하고 "그 밖의 보장성보험"이란 순수보장성보험을 제외한 보장성보험을 말한다고 정하고 있다.

보험, 금리연동형보험, 자산연계보험과 실적배당형보험(변액보험) 등으로, 자산운용계정에 따라 일반계정보험과 특별계정보험으로, 계약자배당 유무에 따라 유배당보험과 무배당보험으로 나누고 있다.

하지만, 이렇게 보험상품의 종류가 다양하고 복잡할지라도 그 기본 유형은 단순할 수 있다. 생명보험은 사람의 생명 또는 건강상태와 관련하여 우연히 발생하는 조기사망(premature death)이나 장수(longevity) 리스크에 약정한 금전 및 그 밖의 급여를 지급할 것을 약속하는 금융상품이기 때문에, 아무리 복잡하더라도 그 기본 유형은 사망보험과 생존보험, 그리고 이 둘을 혼합한 생사혼합보험의 3가지라고 볼 수 있다.

- 사망보험: 가계의 생계를 책임지는 가장 등이 조기에 사망하거나 장애 상태가 되어 경제적 소득을 얻을 수 없을 리스크에 대처하기 위해 개발된 보험상품이다.

대표적인 사망보험으로는 종신보험과 정기보험이 있다.

- 종신보험(whole life insurance): 보험기간이 종신으로 보험기간이 정해진 것이 아니라 피보험자가 사망할 경우 사망보험금을 지급하고 보험계약이 종료되는 상품이다.

종신보험은 피보험자가 단 한 번의 가입으로 전 생애에 걸쳐 지속적으로 보장을 제공하며, 어떠한 사유의 사망이든 상관없이 보험계약의 수익자(beneficiary)에게 사망보험금이 지급되는 보험으로 대다수 생명보험회사의 주력 상품이다.

- 정기보험(term insurance): 1년, 5년, 10년 등 유한한 계약기간 안에 피보험자가 사망할 경우 사망보험금을 지급하고, 사망하지 않고 생존할 경우에는 보험금이 지급되지 않는 상품이다.

정기보험은 종신보험에 비하여 보험료가 저렴하고 상품이 단순하여 최근 온라인 등을 통해 판매가 활성화되고 있다. 특히 1년만기 정기보험은 순보험료가 위험보장을 위해 전부 쓰이므로 이 경우의 연납보험료를 자연보험료라고 부른다.

- **생존보험**(pure endowment insurance): 피보험자가 일정기간(예를 들자면 계약만기)까지 살아있는 경우 보험기간말에 생존보험금을 지급하는 상품인데, 피보험자가 장수하여 고령이 되고 근로소득을 얻을 수 없어 경제적 생활 수준이 하락하는 리스크에 대처하기 위해 개발된 것이다.

대표적인 생존보험은 연금보험이다. 반면 순수생존보험의 경우 계약상 만기까지 생존하는 경우에만 보험금을 주기 때문에 사실상 저축이나 다름없다. 그런데, 우리나라의 경우 연금보험이 아닌 저축성보험의 경우 최저사망보험금을 반드시 설정하도록 규제[7]하고 있어서 개발하기 어려우므로 사망보험과 결합된 생사혼합보험으로 개발되어 판매되는 것이 일반적이다.

- **양로보험 또는 생사혼합보험**(endowment insurance): 보험기간 내에 피보험자가 사망하면 사망보험금을 지급하고 또한 보험기간말까지 생존할 경우에도 생존보험금을 지급하는, 즉 사망보험과 생존보험의 특성을 혼합하여 개발한 상품이다.

시장에서 판매되는 대다수 보험상품들은 사망과 생존보험의 특성이 여러 가지 비율로 혼합되어 있는 것이 대부분인데, 주로 시중 실세 금리(공시이율)에 연동하는 상품과 실적배당형 상품인 변액보험상품으로 설계된다.

---

7) 보험업감독규정 제7-60조(생명보험의 보험상품 설계 등) 제7호.

🏃 국제계리기호(international actuarial notation)[8]

국제계리기호는 1887년 George King이 "Life Contingencies"(Institute of Actuaries Text Book, PartⅡ)에서 처음 만들었고, 1898년 영국 런던에서 열린 제2회 국제보험계리회의(International Actuarial Congress)에서 채택되었다. 이후 지속적인 개정 작업을 거쳤으며 1954년 스페인 마드리드에서 개최된 제14차 국제보험계리회의에서 현재의 기호들이 국제기준으로 최종 확정되었다. 대표적인 생명보험 국제계리기호를 살펴보자.

보험금 1원이 사망시 지급되는 종신보험의 일시납보험료를 국제계리기호로 A_x라고 표기하는데, 여기서 대문자 A는 보험을 뜻하는 단어 Assurance의 머리 글자를 따온 것이고 아래 첨자 x는 피보험자의 보험가입당시 연령을 뜻한다.

정기보험은 $A_{x:\overline{n}|}^{1}$라고 표기하는데, 여기서 n은 보험기간을 뜻하고, 가입연령 x위에 1이 표시함으로써 피보험자가 사망할 경우에만 보험금이 지급된다고 표시하고 있다.

반면 생존보험은 가입연령 x가 아닌 보험기간 n위에 1을 표시하고, 생사혼합보험은 1을 표시하지 않는다. 한편, 거치보험은 거치기간 n년 이전에 피보험자 사망시 아무것도 지급되지 않고 거치기간 이후 사망해야만 보험금이 지급되는 보험인데, 일반적인 종신보험인 A_x앞쪽에 첨자로 "$n|$"를 붙여 $_{n|}A_x$로 표기한다.

생명보험 기본 유형의 국제계리기호

보험종류		표 기
종신보험	whole life insurance	A_x
n년 정기보험	term insurance	$A_{x:\overline{n}|}^{1}$
생존보험	pure endowment	$A_{x:\overline{n}|}^{1}$
생사혼합보험	endowment	$A_{x:\overline{n}|}$
n년 거치 종신보험	deferred insurance	$_{n|}A_x$

---

8) 출처: Bulletin of the Permanent Committee of the International Congress of

생활비형, CEO형… 정기보험이 다양해졌다[9]

직장인 김모(38)씨는 최근 유치원생인 자녀를 위해 정기보험에 가입했다. 김씨는 "종신보험은 월 보험료가 10만원을 훌쩍 넘어 부담스러워서 보험료가 훨씬 저렴한 정기보험에 가입했다"며 "만약 내가 환갑 전에 세상을 뜰 경우 자녀가 생활비로 매달 보험금을 받을 수 있도록 설계된 상품을 골랐다"고 했다.

정기보험은 종신보험처럼 가장(家長)이 갑자기 사망했을 경우 남은 가족의 생계를 보장하는 상품이다. 종신보험은 사망할 때까지 평생을 보장하지만, 정기보험은 미리 약정한 보장 기한 내 사망할 경우 보장한다는 점이 다르다. 월 보험료는 종신보험의 최대 10분의 1 수준으로 저렴하다.

최근에는 사망을 보장하는 주 계약에 각종 상해·질병 특약을 부가하거나, 상속 재원으로 쓸 수 있도록 하는 등 정기보험도 다양해지고 있다. 보험업계 관계자는 "미국의 경우 2013년 기준 정기보험과 종신보험의 비중이 각각 37%, 44%로 비슷한 수준"이라며 "국내 시장에서도 합리적인 보험 상품에 대한 선호에 힘입어 30~40대 중심으로 가입이 증가하는 추세"라고 했다.

정기보험의 가장 큰 장점은 가격 경쟁력이다. 종신보험보다 보험료가 10분의 1 수준으로 저렴하다. 40세 흡연 남성이 사망보험금 1억원을 보장해주는 종신보험에 20년 월납으로 가입할 때 월 보험료는 19만 3,500원이지만, 사망보험금 1억원짜리 정기보험에 가입할 경우 월 보험료는 2만 3,500원(60세 만기, 20년 월납, 비갱신, 순수보장형 기준)으로 내려간다. 만약 가입자가 담배를 피우지 않고 건강하다면 보험료는 1만 4,800원까지 내려간다.

최근에는 사망보장에 질병·상해 등을 보장하는 특약을 부가하는 정기보험도 늘어나고 있다.

고액 자산가나 기업 경영인(CEO)들이 정기보험을 상속 재원이나 회사 유동성 자금으로 활용할 수 있도록 설계된 상품도 연이어 출시되고 있다. 지금까지 상속 수단으로 각광받았던 종신보험은 보통 65세를 넘기면 가입이 불가능했지만, CEO형 정기보험은 70대에도 가입이 가능하다.

Actuaries(1949), 46, pp. 207－217.

9) 출처: 조선일보(2017.09.06. 03:00). http://biz.chosun.com/site/data/html_dir/2017/09/06/2017090600011.html에서 발췌.

(2) 생명보험상품의 설계

시장에서 판매되는 생명보험상품은 사망보험과 생존보험, 그리고 이 둘을 혼합한 생사혼합보험의 3가지 기본 유형을 토대로 보험의 이용목적에 따라 다양하게 설계되고 있다.

먼저 3가지 유형 중 몇 개를 단순히 더해서 다양한 상품을 만들 수 있는데, 예를 들어 사망보험금과 생존보험금이 동일한 생사혼합보험에 정기보험을 얹어서 생존보험금보다 사망보험금이 더 커지게 하여 생사혼합보험의 보장성 기능을 증가시키도록 설계할 수 있다. 혹은 사망의 원인 중 재해만을 따로 분리해서 일반사망은 보장하지 않거나 아주 적은 사망보험금으로 책정하고 재해사망인 경우에만 사망보험금을 많이 지급하도록 책정하는 보험상품도 설계할 수 있다.

유형의 결합뿐만 아니라 동일 유형 내에서 보험금의 지급형태를 달리하여 보험상품을 설계할 수도 있는데, 계약체결 후 2년 이내에는 이미 납입한 보험료를 사망보험금으로 지급하고 그 이후부터 약정한 사망보험금을 지급하는 종신보험이 좋은 예가 될 수 있다. 이렇게 설계되는 보험은 '계약심사 없이 청약만으로 가입되는 종신보험(guaranteed issue policy)'인데, 2년 이내에 사망하면 단지 자기가 낸 보험료 정도를 돌려받게 되므로 기왕증이 있어서 보험가입 후 2년 이내에 사망할 것으로 예상되는 계약자의 가입을 막을 수 있다.

혹은 사망보험금의 크기가 점점 낮아지도록 설계한 체감정기보험(decreasing term)도 있는데, 이 상품의 경우 피보험자가 사망하면 사망보험금으로 주택담보대출 같은 특정 부채를 충당하는 목적으로 판매되었다. 즉 사망보험금은 주택담보대출의 잔액이 줄어드는 것과 비슷하게 감소하도록 설계할 수 있는 것이다.

이뿐만 아니라 보험금의 지급시점을 앞당기는 보험상품도 설계가 가능한데, 중대한 암 등 치명적 질병이 발생한 경우 사망보험금의 일부 또는 전부를 사망사고가 발생하기 전에 먼저 지급하는 형태의 보험상품인

제 1 절 생명보험 ■ **81**

CI(Critical Illness, 치명적 질병) 종신보험이 그 예이다. 약관에서 정한 중대한 질병이 발생하였을 때, 예를 들자면 사망보험금 1억원 중에서 8천만원을 먼저 지급하면 질병의 조기치료에 당장 사용할 수 있고 잔여금액 2천만원을 사망보험금으로 받게 되므로 순수한 종신보험보다 선호하는 사람들이 있을 수 있다.

그리고, 보험금이 계약당시에 미리 정해진 정액보험과 달리 변액보험은 보험계약자가 납입한 보험료 중 일부를 주식, 채권 등 유가증권(펀드)에 투자하여 발생한 이익을 계약자에게 배분하는 실적배당형 보험상품인데, 변액종신보험, 변액연금보험 및 변액유니버설보험이 있다.

변액보험의 종류 및 주요내용

상품 종류	주요 상품 내용
변액종신보험 (2001.7월 도입)	피보험자 사망시 사망보험금을 지급하는 종신보험이나 보험금은 기본보험금 이외에 투자수익률에 따라 변동되는 변동보험금이 가산됨
변액연금보험 (2002.9월 도입)	연금개시 이전에는 투자실적에 따라 적립금이 변동되고, 연금개시 후에는 연금개시시점의 적립액을 기준으로 연금액을 지급
변액유니버설보험 (2003.7월 도입)	변액보험에 자유입출금 및 적립기능(유니버설)을 추가한 보험상품으로, 중도인출과 보험료납입 일시중지, 추가보험료 납입 등이 가능

한편, 생명보험계약에는 오직 한 명의 피보험자만 있는 것은 아니다. 예를 들자면 부부가 동시에 피보험자가 될 수 있는데, 이러한 계약을 연생보험계약(joint life policy)이라고 한다. 이 경우 두 명의 생사에 따라 보험금 지급시기를 달리할 수 있다.

첫째, 선 사망 연생보험계약(first-to-die policy)은 두 명 중 첫 번째 사망이 발생한 경우 사망보험금을 지급하는 보험으로, 부부 중 한 사람이 사망하였을 경우 다른 한 사람이 주택담보대출(mortgage loan)을 갚기 위해 사망보험금을 사용할 수 있다.

둘째, 최종 생존자 보험계약(survivorship policy)은 첫 번째 사망이 발생한 때에는 보험금 지급이 없다가 두 번째 사망이 발생한 경우 사망보험금을 지급하는 보험인데, 사망보험금은 상속세를 납부하는 용도로 사용될 수 있다.

연금보험은 노후생활자금 마련을 위한 보험으로 경제활동기(연금지급 개시 이전)에는 세제혜택 등을 받으며 보험료를 납입하고 노년기(연금개시 이후)에는 매년 일정액의 연금을 지급받게 된다. 세제적격(연금저축)과 세제비적격 연금보험으로 구분된다.

계산기수(commutation symbol)

계산기수는 일반적으로 보험료와 책임준비금 등의 계산을 간편하게 하기 위해서 보험계리적 계산에 자주 사용하는 항목들을 단순한 기호로 정의한 것이다. 실제로 컴퓨터가 발달하지 않던 시절에 보험계리사들은 이자율과 사망률 별로 계산기수의 값들을 표로 정리해 놓고 그 값을 사전에서 단어를 찾듯이 찾아서 보험료와 책임준비금을 계산하였다.

사망자 1인에게 사망보험금 1원이 지급된다면 x세에서 $x+1$세 사이에 사망한 피보험자들에게 $x+1$세 시점에 지급되는 총 사망보험금은 d_x가 된다. 이를 이자율을 고려해서 표준이 되는 0세 시점(신생아 시절)의 현재가치로 단순히 바꾸어 놓은 것을 사망현가라고 하고 계산기수 C_x로 표기한다. 이를 식으로 표현하면 다음과 같다.

- $C_x \equiv v^{x+1} \times d_x$

마찬가지로 생존자 1인에게 지급되는 생존보험금이 1원이라고 하면 x세 시점의 보험금은 l_x원이 되고, 이를 이자율을 고려해서 0세 시점의 현재가치로 바꾸어 놓은 것을 생존현가라고 하며, 계산기수 D_x로 표기한다. 이를 식으로 표현하면 다음과 같다.

- $D_x \equiv v^x \times l_x$

생명표의 사망자 수 함수와 이자율을 결합하여 다음과 같은 함수를 만든다.

D_x와 C_x를 1단계의 계산기수라고 하고, 1단계 계산기수의 합계로서 2단계 계산기수 N_x와 M_x는 다음과 같이 정의한다.

- $N_x \equiv \sum\limits_{y=x}^{\omega} D_y$

- $M_x \equiv \sum\limits_{y=x}^{\omega} C_y$

그리고 3단계 계산기수 S_x와 R_x도 같은 방법으로 2단계 계산기수의 합계로 정의된다.

계산기수를 통한 상품설계

사망사고의 원인은 질병과 재해로 나누는데, 보험회사가 재해로 사망하는 경우에 질병사망보다 2배 이상의 보험금을 지급하는 보험상품을 설계한다고 가정해 보자. 이때 질병으로 사망하는 사람들은 $d_x^{(1)}$으로 표기하고 재해로 사망하는 사람들은 $d_x^{(2)}$로 표기한다면 정의에 의해서 각각의 사망현가도 $C_x^{(1)}$과 $C_x^{(2)}$로 표기하는 것이 자연스러워진다. 이렇게 새롭게 정의된 계산기수를 사용하면 재해사망보험금이 질병사망보험금보다 2배 많은 보험상품의 사망현가는 다음 식처럼 쉽게 표현되는 것을 알 수 있다.

- $C_x^{(1)} + 2C_x^{(2)}$

이렇게 계산기수를 사용하면 보험상품의 설계가 가시적이고 직 관적이어서 실제 우리나라 보험상품의 산출방법서에는 다양한 계 산기수로 보장내용들을 표기하고 있다.

쉬어가는 코너

🔖 우리나라 생명보험상품의 역사 [10]

우리나라 최초의 보험상품은 1897년 6월 대조선(大朝鮮)보험회사가 판매한 소보험이었으나 판매 100여일 만에 폐지되었다. 그 이후 수많은 시행착오를 겪으면서 생명보험과 장기보험 상품들이 개발되었는데, 사회경제환경 및 국가 정책에 의하여 저축성 상품에 초점을 맞추어 외형 성장을 추구하였다. 2000년 이전까지는 보험환경이 성숙되지 못해서 암보험 등 보장성 보험의 판매가 저 조하였다.

⏳ 우리나라 최초의 보험증권 [11]

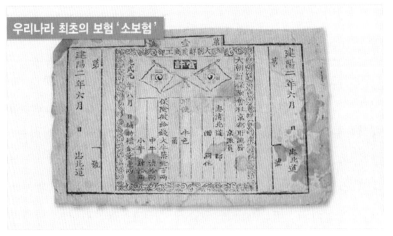

출처: 근현대디자인박물관

---

10) 김석영・김세영・이선주(2018), "보험상품 변천과 개발 방향: 생명보험 상품 중 심", 보험연구원, 2018권 5호를 기초로 작성함.
11) 출처: 한화생명 공식 블로그, Life n Talk(https://lifentalk.com).

　1960년대 이전까지 친분관계로 판매가 이루어졌던 단체보험과 자녀교육을 위한 교육보험이 집중적으로 개발되어 판매되었고, 1970년대에는 저축여력이 생기면서 단체보험, 교육보험, 그리고 단기저축성 보험이 주류를 이루게 된다. 1980년대에는 가정경제 측면에서 부의 축적이 본격화되면서 생명보험업계에서는 다양한 단기저축성 상품과 암보험 및 재해보장 보험이 개발되었고, 1985년과 1996년 사이에 생명보험산업의 추가 개방 및 국제화가 급진전되고 무배당 보험의 개발·판매가 허용되었으며, 금융실명제 실시에 따라 개인연금저축제도가 도입되었다.

　1998년 IMF 금융위기에 대처하기 위해 단기 고수익 상품인 슈퍼재테크보험 등의 공시이율 적용상품을 공동으로 개발·판매하였고, 생명·손해보험의 상해·질병 겸영범위를 확대함에 따라 현재와 같은 제3보험 영역의 상품을 만들 수 있게 되었다.

　2000년 이후부터는 가격자유화와 각종 규제완화 속에서 보험회사들이 리스크 관리, 가격 산출, 판매채널 등의 보험전문성을 강화하게 되어 상품시장이 성장하게 된다. 그리고 구조조정에 따른 실직에 대한 두려움과 건강에 대한 관심이 증가하면서 변화된 소비자의 행태 및 편익 증가를 반영한 상품이 다양하게 개발되는 시장이 되었다.

　남성설계사 조직을 중심으로 종신보험 판매가 성공함으로써 2000년대 초반 종신보험이 최고의 히트상품이 되었다. "웰빙 라이프" 바람이 불면서 건강에 대한 관심의 증대로 건강검진이 확산되었다. 이를 통해 건강의 이상 증후를 조기에 발견하고 예방 조치를 취하는 것이 일반화되면서 새로운 건강보험 상품 개발의 필요성이 커졌고 CI보험 판매가 시작되었다.

　한편, IMF 경제위기 이후 국내 경제성장률의 정체로 시중금리가 하락하게 되어 사람들은 새로운 투자처로 주식시장으로 눈길을 돌리게 되었고 생명보험회사도 이차역마진을 해소하고 타 금융상품 대비 경쟁력을 확보하기 위해 2001년 변액보험을 출시하였다.

　인구고령화로 만성질환자와 특정 질병의 유병자 또한 늘어났으나 일반적인 보험상품에 가입하는 것이 사실상 불가능하였으므로 특정한 질병에 대한 고지를 생략하여 특정 질병을 갖고 있는 유병자들도 가입이 가능한 무심사 보험상품을 개발하여 판매하였다.

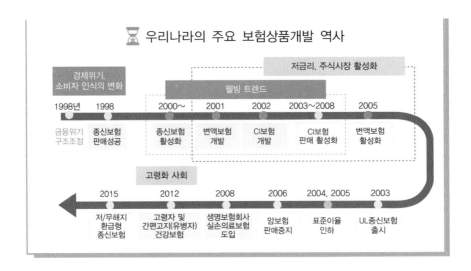

제 2 절 보험상품의 가치와 가격

1. 보험의 가치

(1) 생명보험의 가치

강도가 나타나서 생명을 위협하고 돈을 요구한다고 할 때, 얼마의 돈으로 거래하고 생명을 지킬까? 이에 대한 정답을 알고 있는 사람은 없을 것이다. 사람 목숨의 값어치는 예나 지금이나 사람이 헤아릴 수 없는 대표적인 비시장재화(non-market goods)여서 이것을 금전으로 표현할 수 없기 때문이다. 그러나, 사망하면 1억원을 지급하는 형태의 보험(life insurance)이 생명의 가치를 금전으로 거래하는 것이라고 오해하는 사람들이 있다.

하지만, 보험은 우연한 사고로 발생하는 피해를 보장하는 것으로 결코 생명의 가치를 거래하는 것이 아니다. 한 사람이 사망했을 때 지급되는 금액인 보험금은 결코 생명의 가치는 아닌 것이다.

생명보험은 인간 생명의 가치를 보상하는 것이 아니라 유가족의 소득을 보상한다. 즉, 사망한 피보험자가 벌어들였던 소득의 일부라도 유가족에게 보전하는 것이 생명보험의 목적이다. 하지만 인간의 경제적 가치를 객관적으로 얼마라고 이야기하는 것은 여전히 애매한 문제이다. 그래서 생명보험은 피보험자나 보험계약자가 원하는 금액을 보험계약 시 미리 정하는 정액보상을 원칙으로 한다.

한편 사람의 사망 형태는 안정적이므로 연령이나 성별에 따른 사망률을 아예 생명표로 제작할 수 있다. 그러므로 생명보험회사의 입장에서는 비교적 정확하게 보험사고의 규모와 향후 지급할 보험금액을 예측할 수 있다.

보험사고가 발생하였을 때 보험회사가 지급할 금액의 최고한도로서 보험상품 구입 당시에 계약 당사자인 보험회사와 계약자가 합의하여 보험증권(insurance policy)에 미리 정하여 놓은 금액을 보험의 보장금액 (insured amount) 혹은 가입금액(face amount)이라고 한다.[12] 따라서 보험 사고가 발생했을 때 그 가입금액을 보험금으로 고스란히 받을 수 있다면 그 가입금액이 그 보험의 가치가 될 수 있을 것이다.[13]

(2) 리스크와 대수의 법칙

한편, 보험에 가입함으로써, 즉 보험상품을 구입함으로써 얻게 되는 효용의 가치가 보험의 가치가 될 수 있다. 그러므로, 보험사고가 발생했을 때 받게 되는 보험금이 그 보험계약을 통해 얻게 되는 효용이므로 미래의 보험금(claim)을 그 보험의 가치라고 볼 수 있다. 하지만 계약기간이 끝날 때까지 보험사고가 전혀 발생하지 않아서 받을 수 있는 보험금은 아예 없을 수도 있다. 그렇다면 이 경우에 보험의 가치는 없다는 것일까?

어떤 40대 남성이 사망하였을 때 사망보험금 1억원을 지급하는 종신보험이 있다고 하자. 그런데, 정확히 그 남성이 사망하는 시점을 알기 위해서 보험회사가 반드시 수십년 동안 이 사람만을 관찰해야만 하는 것은 아니다. 같은 연령대, 같은 건강상태의 한두 명의 남자가 아니라 상당히 많은 사람들을 대상으로 사망자가 발생하는 확률을 따져보면, 그 남성이 실제로 사망할 확률과 유사해질 수 있다. 그래서 보험회사는 그 40대 남성이 사망할 확률을 예측할 수 있다. 즉, 건강한 40대 남성이 10만명이 있고 1년 동안 평균 500명이 사망했다는 통계를 가지고 있다면, 보험회사는 그 40대 남성을 관찰하지 않고도 그 남성이 1년 안에 사망할 확률이 0.5%라고 이야기할 수 있는 것이다.

동일한 리스크에 노출된 집단의 규모가 크면 클수록, 즉 관찰대상의

---

12) 한편, 손해보험에만 있는 개념인 보험가액은 보험사고가 발생하였을 경우 피보험자가 입을 가능성이 있는 손해(피보험이익)를 금전적으로 평가한 것으로서 보험회사가 보상하여야 할 법률상 최고한도액을 뜻한다.

13) 김호균(2019), "보험가격은 보험가치를 반영하는가?", 「월간 손해보험」, 제606호.

수가 커질수록 경험자료를 활용한 위험률의 추정치가 원래 집단의 속성과 유사해져서 통계적 신뢰성이 높아지는 데, 보험계리에서는 이를 대수의 법칙(the law of large number)이라고 한다. 이 법칙은 17세기 수학자 베르누이(Jakob Bernoulli, 1654~1705)가 정립하고, 그 이후 100여년이 지나 포아송(Siméon Denis Poisson, 1781~1840)에 의해 그 이름이 붙여진다.

대수의 법칙(the law of large number)

대수의 법칙은 동일한 확률분포를 갖는 상호 독립적인 확률변수 X_1, X_2, …의 모집단의 평균(모평균)이 μ일 때, 다음 식으로 표현될 수 있다.

- $$\lim_{n \to \infty} \overline{X_n} = \lim_{n \to \infty} \frac{1}{n} \sum_{k=1}^{n} X_k = \mu$$

즉, 같은 기댓값 μ와 같은 분산 σ^2을 갖는 n개의 확률변수의 산출평균 $\overline{X_n}$은 표본크기 또는 시행횟수를 확대할수록, 즉 n이 무한대로 접근할 때 모평균 μ와 가까운 값을 갖게 된다는 것을 말한다.

좀 더 수학적인 표현으로 설명하면, n이 증가할수록 산출평균 $\overline{X_n}$가 임의의 매우 작은 $\epsilon > 0$에 대해 다음 식을 만족하는 것을 대수의 법칙이라고 한다.

- $$\lim_{n \to \infty} \Pr(|\overline{X_n} - \mu| > \epsilon) = 0$$

보험은 리스크에 대한 이런 확률적 계산을 기초로 한다. 즉, 보험에서 취급하는 사고는 우연히 발생하여야 한다는 전제가 있고, 이 사고로 인한 재산상 손실이 얼마나 자주 발생하고(frequency) 그 정도가 얼마나 크

냐(severity)에 따라서 리스크의 크기가 확률적으로 계산된다.[14)]

그런데, 보험상품 마다 보장하는 리스크의 크기가 다를 수 있다. 예를 들어 손해가 자주 발생하거나 손해가 발생했을 때 지급할 보험금이 크다면 보험회사가 부담하는 리스크가 커질 수밖에 없다. 이 경우 보험계약자의 입장에서는 보험회사에 리스크를 떠 넘기고 본인은 그만큼의 경제적 안정이라는 대가(효용)를 얻게 되는 것이다. 따라서, 보험의 가치를 보험사고가 발생하면 받게 되고 그렇지 않으면 전혀 받을 수 없는 보험금이라고 단순히 말하는 대신에, 보험계약자가 자신이 가지고 있는 불확실성을 회피하기 위해서 보험상품을 구입하여 보험회사에 떠넘기는 리스크라고 하는 것이 타당할 것이다.

2. 보험의 가격과 보험료

(1) 보험료의 개념

보험계약이 성립하려면, 보험계약자(policy holder)가 보험회사(insurer)에게 보험료(premium)를 내야만 한다. 보험상품의 공급자인 보험회사에게 보험료는 수입이지만, 해당 보험계약자의 보험계약을 유지하는데 필요한 전체 비용이고, 다른 한편으로는 보험사고가 발생했을 때 이 돈으로 보험금을 지급하여 보상해주어야 하므로 부채가 될 수 있다. 즉, 보험회사는 보험계약자로부터 리스크를 건네받고 그 대가로 보험료를 받는 셈이다.

반면, 보험상품의 수요자인 보험계약자의 입장에서 볼 때 보험료는 보험계약에서 미리 약속된 보장을 받기 위해 치러야 할 비용으로 볼 수 있다. 따라서, 계약자가 보험료를 납입하지 않으면 계약은 취소될 수 있는 것이다. 예를 들어, 앞에서처럼 40대 남성이 가입하는 종신보험을 생

---

14) 일반적으로 리스크의 크기는 "손실의 빈도(ρ)"와 "손실의 강도(L)"의 곱($\rho \cdot L$)으로 계산되어 진다.

각해보자. 사망사고가 언제 발생할지 모르지만 사망보험금으로 1억원을 받는다면 그 1억원이 현재 얼마일까 하는 문제가 생기는데, 사망률과 이자율 등을 고려해서 계산된 값이 3천만원이었다면 이 가격이 이 종신보험이라는 상품을 구입할 때 내야 하는 보험료이다. 사고가 발생하면 받게 되는 돈(미래가치)을 보험회사로부터 약속받고 보험료로 3천만원이라는 현재의 돈(현재가치)을 내고 시장에서 거래하는 것이다. 따라서 보험료가 보험상품의 가격이 되는 셈이다.

이 3천만원을 일시납 보험료(single premium)라고 부르는데, 사망보험금 현재가치의 기댓값을 종신보험의 가격(보험료)으로 책정한 것이고 이것을 계약자가 한번에 일시불로 납입한다는 의미이다.

물론 보험상품의 보험가입금액이 크면 보험료는 커질 수밖에 없으므로, 엄밀하게 말해서 보험료를 보험의 가격이라고 보기보다는 보험료를 보험가입금액으로 나눈 비율, 즉 보험가입금액의 단위를 1로 설정한 보험요율을 진정한 보험가격이라고 보는 것이 타당하다.

쉬어가는 코너

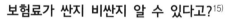

보험료가 싼지 비싼지 알 수 있다고?[15]

보험을 가입하려거나 이미 보험에 가입했다면 상식적으로 알아야 할 것 중 가장 중요한 것이 '본인이 가입할 예정이거나 가입한 보험의 보험료가 비싼지, 아니면 저렴한지 여부'이다.

보장성보험의 경우 각 상품마다 보장내용이 서로 다르고 책정하는 사업비도 제각각이다. 아무리 좋은 보장을 해주는 보험이라도 보험료가 지나치게 비싸면 좋은 보험이 아니다. 반면, 보장에 비해 너무 싼 느낌이 드는 보험도 의심해봐야 한다. 결국 보장 대비 보험료가 적절한지 여부를 확인할 수 있어야 한다.

과거에는 거의 모든 사람들이 보험료가 비싼지, 저렴한지를 판단하기 어려

15) 출처: 아시아경제 2018.07.12 참조 수정.

웠다. 보험사에 직접 물어봐도 원하는 답을 얻을 수 없을뿐더러 접근할 수 있는 정보도 제한적이었기 때문이다.

요즘은 본인이 아주 적은 시간만 투자한다면, 이 정도 정보는 가뿐하게 알아낼 수 있다. 보험료가 적절한지 여부를 알려주는 지표는 '보험가격지수'이다. 이 지수를 통해 동종보험상품끼리 보험료 수준을 손쉽게 비교할 수 있는데, 기준점 100을 기준으로 100보다 낮으면 평균보다 저렴한 편이고, 100보다 높으면 비싼 보험이라고 판단할 수 있다.

보험가격지수는 각 보험회사 홈페이지와 생명보험협회 공시실에서 쉽게 확인할 수 있다. 대부분 가입자들은 개별 보험사를 크게 신뢰하지 않아 생명보험협회 홈페이지를 주로 많이 찾는데 '생명보험협회 공시실' → '상품비교공시'를 차례로 누르고 들어오면 개별상품의 공시이율과 보험가격지수 등을 확인할 수 있다.

보험가격지수는 '개별 보험상품의 보험료'를 정부가 보험료를 비교하기 위해 만든 기준인 '참조순보험료'와 '업계평균사업비'를 더한 값으로 나눈 수치이다 [보험가격지수 = 보험료총액 / (참조순보험료 + 업계평균사업비)]. 각각의 보험상품마다 보장의 장단점과 특징이 있어 보험료 수준만으로 좋고 나쁨을 평가하기에는 한계가 있지만 어느 정도 기준은 될 수 있다. 특히 남자와 여자의 보험요율이 달라 성별과 가입연령 등에 따라 보험가격지수도 달라질 수 있다는 점은 꼭 알아야 한다.

보험은 장기적으로 납입하고 유지해야 가입자에게 유리하다. 보험을 가입하기 전에 가입하려는 보험의 보험료가 비싼지, 저렴한지를 우선 확인하고, 보장내용도 살펴봄으로써 본인에게 적합한 보험을 선택하기 바란다.

(2) 수지상등의 원칙

그렇다면, 보험계리사가 어떻게 보험료를 계산해서 만들어 내는 것일까? 보험계리사는 보험료 수입과 향후 예상되는 보험금 등의 지출이 같아지도록 보험료를 산출하는데, 보험회사가 정상적으로 운영되기 위해서는 향후 예상되는 보험료 수입(收入) 총액과 특정 보험사고가 발생한 경우 보험회사가 지급(支給)해야 할 보험금이 같아야 하기 때문이다. 이를 수지상등의 원칙(actuarial equivalence principle)이라고 한다.

그런데, 주의해야 할 점은 수지상등의 원칙은 단순히 보험료 수입과 보험금 지급이 같다는 것이 아니다. 즉, 보험계약 시점에서 동질의 피보험자 단체에 대하여 주어진 계리적 가정과 계약상의 보장내역에 근거하여 향후 전 보험기간 동안 예상되는 보험료 수입 총액의 현재가치와 향후 예상되는 보험금 지출 총액의 현재가치가 같다는 것을 말한다.

여기서 현재가치는 계리현가(APV, Actuarial Present Value)라고 하는데 이것이 무엇인지를 알아보기 위해서 보험계약 만기에 생존자만이 보험금을 받는 순수 생존보험(pure endowment)을 예로 들어보자.[16] 1년간 이자율이 10%라면 1년 후 110원을 받기 위해서 현재 은행에 저금할 금액은 100원이다. 하지만, 같은 조건에서 1년 후에 100명 중에서 10명이 죽고 90명만 살아남는다고 할 때, 보험회사의 생존보험을 구입한다면 현재 납입해야 할 돈, 즉 보험료는 얼마일까?

일단 현 시점의 수입은 총 100명으로부터 A원씩 받는다고 하자. 그렇다면 총 100명×A원이 되고 이를 1년간 10% 이자율로 고스란히 저축하면 100명×A원×(1+10%)이 된다. 한편, 장래 지출될 금액을 계산해 보면 생존자 90명에게 110원씩 지급하면 되므로, 90명×110원이 지출금액이 된다. 따라서 수입과 지출이 같다면 다음 식을 만족하게 된다.

- $100명 \times A원 \times (1+10\%) = 90명 \times 110원$

그러므로, A는 다음 식에 의해 90원이 된다.

- $A원 = \dfrac{90명 \times 110원}{100명 \times (1+10\%)}$
  $= 90원$

은행의 저금에서처럼 1차원적으로 이자율만을 고려하면 110원의 현

---

16) 앞서 이야기하였듯이 우리나라는 순수 생존보험의 개발이 곤란하나 여기서는 이론적인 측면에서 고려해 본다.

재가치는 100원이 되지만, 사망확률까지 고려하여 2차원적으로 현재가치를 구하면 90원이 되는데, 이를 계리현가라고 한다. 즉, 재무관리에서 주로 사용되는 현재가치(present value)의 경우 향후 발생할 현금흐름에 화폐의 시간가치(time value of money)만을 단순히 고려한 반면, 계리현가는 화폐의 시간가치뿐만 아니라 특정사건(contingency)에 의해서만 현금흐름이 발생한다고 전제하는 경우에 적용되는 현재가치로서, 조건부 기대현가(conditional expected present value)에 해당한다.

⌛ **순수생존보험의 계리현가 산출과정**

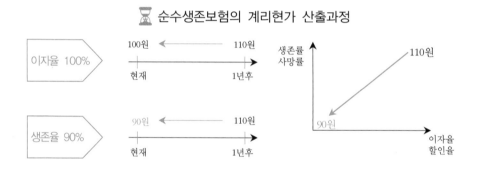

물론, 이 수입과 지출은 1년후 시점에서 바라본 것이고 이것을 현재 시점에서 바라보면, 다음과 같이 110원에 현가율($\frac{1}{1+10\%}$)을 곱한 식이 되고 이 경우에도 마찬가지로 보험료 A는 90원이 된다.

$$\text{• 10명} \times A\text{원} = 90\text{명} \times \frac{110\text{원}}{1+10\%}$$

여기서 보험상품의 수요자 입장에서는 보험료가 90원에 불과하여 은행상품(적금)보다 10원(10%)이나 저렴하게 미래가치(110원)를 구입한다고 생각하게 된다. 물론 이 보험금은 보험사고(만기시 생존)가 발생해야만 받고 그렇지 않다면(만기전 사망) 전혀 받을 수 없기에, 생사와 무관하게 무조건 110원을 받는 은행상품보다 당연히 저렴한 것이다. 이는 보험금 지급사유에 해당하지 않은 사람들(사망한 사람들)이 받지 못하는 몫까지 생

존한 사람들이 받게 되기 때문이다.[17]

한편, 이렇게 이자율과 사망률을 결합하여 계산된 보험료는 보험료의 수입과 보험금의 지급이 이상적으로 같아져서 공정한 보험료(actuarially fair premium)가 된 셈인데, 이를 순보험료(benefit premium, net premium)라고 부른다.

이번에는 수지상등의 원칙을 이용하여 3년 만기 정기보험의 일시납 순보험료를 구해보자.

계산의 편의를 위해서 건강상태가 동일한 30세 남자 100,000명이 사망시 1억원을 받는 3년 만기 정기보험에 동시에 가입했고, 사망보험금은 연중에 언제 사망하든 상관없이 항상 사망한 해의 연도말에 지급한다고 가정하자.

또한, 보험회사가 가지고 있는 통계를 통해서 30세 남자의 생명표가 다음과 같다고 가정하자.

생명표(가입연령 30세 남자)

연령	연초 생존자수	사망률	연간 사망자수
30	100,000	0.00150	150
31	99,850	0.00151	151
32	99,699	0.00155	155
33	99,544	0.00162	161

그리고, 3년 동안 항상 이자율은 연복리 2.0%로 변화가 없다고 하자. 그러면, 각 경과년도 마다 1원의 최초가입시점 기준 현재가치는 다음과 같은 현가율로 나타낼 수 있다.

---

17) 생존한 사람은 사망한 사람으로부터 일종의 보조금(mortality cross-subsidy)을 받는 셈이다. 이 생존보조금의 크기는 사망률견인(MD; Mortality Drag)이라고 정의된다(홍수연 외 2인, 2014, "연금분배시장에서 종신연금과 확정연금 비교 분석: 경험생명표별 사망률견인 관점에서", 리스크관리연구, 25(3)).

현가율표(이자율 2%)

경과년도	현가율
0	1.00000
1	0.98039
2	0.96117
3	0.94232

이런 가정하에서 3년간 사망보험금을 최초가입시점 기준 계리현가로 계산해 보자.

- 1차년도에 사망자는 150명이므로 사망보험금은 150억원(1억원×150 명)이 되지만 1차년도말에 지급되므로 그 값을 최초 가입시점의 현재가치로 바꾸어주면 현가율을 곱한 1억원×0.98039×150명이 된다.
- 2차년도 값은 사망자 151명에게 1억원씩 2차년도말에 지급하므로 현가율을 곱하면 1억원×0.96117×151명이 된다.
- 3차년도 값은 사망자 155명에게 1억원씩 3차년도말에 지급하므로 현가율을 곱하면 1억원×0.94232×155명이 된다.

이 3개년도 지급보험금의 현가를 모두 더한 43,759,825,696원이 총 보험금의 계리현가가 된다. 이를 그림으로 표현하면 다음과 같다.

⌛ 총 사망보험금의 계리현가의 합계

```
     ┌─────────────────────────┐
     │ 1억원×0.94232×155명      │─────────────────────────────┐
     └─────────────────────────┘                             │
     ┌─────────────────────────┐                             │
  +  │ 1억원×0.96117×151명      │──────────────┐              │
     └─────────────────────────┘              │              │
     ┌─────────────────────────┐              │              │
  +  │ 1억원×0.98039×150명      │───┐          │              │
     └─────────────────────────┘   │          │              │
  =     43,759,825,696          150명       151명          155명

        ├──────────┼──────────┼──────────┤
        0          1          2          3
```

이때 10만명의 30세 남성 가입자들이 이 정기보험상품을 구입하기 위해서 납입해야 할 일시납 순보험료는 얼마일까? 앞서 생존보험에서와 마찬가지로 수지상등의 원칙을 이용하면 다음 식의 A값을 구하면 된다.

- 10만명 $\times A$원 = 43,759,825,696원

따라서 30세 남자가 납입해야 할 3년 만기 정기보험의 일시납 순보험료(A)는 437,598원(43,759,825,696원 ÷ 10만명)이 된다.

계산기수를 사용한 정기보험의 계리현가 계산

(x)세 피보험자 l_x명이 n년 이내에 사망할 경우 매년말 1원씩 지급하는 n년 만기 정기보험에 가입했다고 가정하자. 연금가입시점에 보험회사에 유입될 일시납 순보험료의 총합계는 $l_x \cdot A^1_{x:\overline{n|}}$이 된다.

반면에 향후 사망자에게 지급될 예상 사망보험금에 대한 가입시점에서의 현재가치는 $v \cdot d_x + v^2 \cdot d_{x+1} + \cdots + v^n \cdot d_{x+n-1}$이므로 수지상등의 원칙을 적용하면 다음과 같은 식을 얻을 수 있다.

- $l_x \cdot A^1_{x:\overline{n|}} = v \cdot d_x + v^2 \cdot d_{x+1} + \cdots + v^n \cdot l_{x+n-1}$

이를 그림으로 나타내면 다음과 같다.

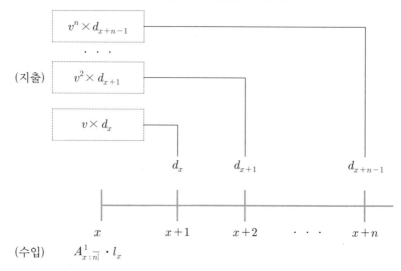

📖 정기보험의 수지상등의 원칙

여기서 양변을 l_x로 나누어서 왼쪽 변을 $A_{x\,:\,\overline{n|}}^{1}$으로 만들어 정리하면 다음과 같이 계산기수로 표현된 식을 얻게 된다.

- $A_{x\,:\,\overline{n|}}^{1}$

$$= \frac{v \cdot d_x + v^2 \cdot d_{x+1} + \cdots + v^n \cdot d_{x+n-1}}{l_x}$$

$$= \frac{v^{x+1} \cdot d_x + v^{x+2} \cdot d_{x+1} + \cdots + v^{x+n} \cdot d_{x+n-1}}{v^x \cdot l_x}$$

$$= \frac{C_x + C_{x+1} + \cdots + C_{x+n-1}}{D_x}$$

여기서 M_x를 써서 표현하면, 다음과 같이 간단한 계산기수로 표현됨을 알 수 있다.

- $A^{1}_{x:\overline{n|}} = \dfrac{M_x - M_{x+n}}{D_x}$

한편, 종신보험의 경우 정기보험과 달리 종신까지 사망보험금이 지급되므로 다음과 같이 표현됨을 알 수 있다.

- $A_x = \dfrac{M_x}{D_x}$

👥 사망률을 사용한 정기보험의 계리현가

n년 만기 정기보험 $A^{1}_{x:\overline{n|}}$을 예로 계리현가를 계산해 본다.

- $0 < t \leq 1$ 기간중 사망했을 때 $t = 1$ 시점에 지급되는 사망보험금 1을 $t = 0$ 시점의 현재가치로 나타내면 그 값은 $v \cdot q_x$가 된다.
- $1 < t \leq 2$ 기간중 사망했을 때 $t = 2$ 시점에 지급되는 사망보험금 1을 $t = 0$ 시점의 현재가치로 나타내면 그 값은 $v^2 \cdot {}_{1|}q_x$가 된다.
- $t = n$년의 보험금 1은 $t = 0$ 시점의 현재가치가 $v^n \cdot {}_{n-1|}q_x$가 된다.

이 사망보험금의 현재가치들을 모두 더한 것이 정기보험의 현재가치가 된다. 이를 수식으로 나타내면 다음과 같다.

- $A^{1}_{x:\overline{n|}}$

$= v \cdot q_x + v^2 \cdot {}_{1|}q_x + \cdots + v^{n-1} \cdot {}_{n-2|}q_x + v^n \cdot {}_{n-1|}q_x$

$= \displaystyle\sum_{k=0}^{n-1} v^{k+1} \cdot {}_{k|}q_x$

$= \displaystyle\sum_{k=0}^{n-1} v^{k+1} \cdot q_{x+k} \cdot {}_{k}p_x$

⌛ 사망보험의 계리현가

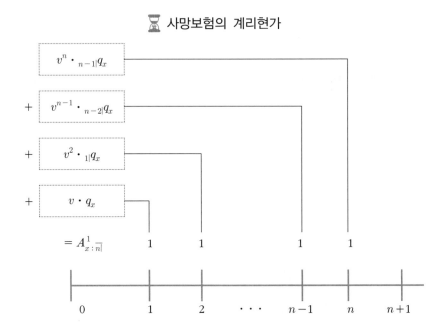

제3장의 요약

□ 종신보험(whole life insurance)은 보험기간이 종신으로 보험기간이 정해진 것이 아니라 피보험자가 사망할 경우 사망보험금을 지급하고 보험계약이 종료되는 상품이다.

- $A_x = \dfrac{M_x}{D_x} = \displaystyle\sum_{k=0}^{\omega-1} v^{k+1}\,{}_{k|}q_x$

□ 정기보험(term insurance)은 유한한 계약기간 안에 피보험자가 사망할 경우 사망보험금을 지급하고, 사망하지 않고 생존할 경우에는 보험금이 지급되지 않는 상품이다.

- $A^{\,1}_{x\,:\,\overline{n|}} = \dfrac{M_x - M_{x+n}}{D_x} = \displaystyle\sum_{k=0}^{n-1} v^{k+1} \cdot {}_{k|}q_x$

□ 생존보험(pure endowment insurance)은 피보험자가 일정기간(예를 들자면 계약만기)까지 살아있는 경우 보험기간말에 생존보험금을 지급하는 상품이다.

- $A_{x\,:\,\overline{n|}}^{\;\;1} = \dfrac{D_{x+n}}{D_x} = v^n\,{}_{n}p_x$

□ 생사혼합보험(endowment insurance)은 보험기간 내에 피보험자가 사망하면 사망보험금이 지급되고 또한 보험기간말까지 생존할 경우에도 생존보험금을 지급하는 상품이다.

- $A_{x\,:\,\overline{n|}} = \dfrac{M_x - M_{x+n} + D_{x+n}}{D_x} = \displaystyle\sum_{k=0}^{n-1} v^{k+1}\,{}_{k|}q_x + v^n\,{}_{n}p_x$

제3장의 연습문제

1 가연생명보험주식회사는 35세 피보험자가 60세까지 생존하면 보험금 1을 지급하는 25년 만기 생존보험을 출시하였다. 이 보험의 일시납 순보험료를 계산기수로 표현하라.

2 혜민보험대리점은 35세 피보험자가 25년 이내에 사망하면 사망한 연도 말에 보험금 1을 받는 25년 만기 정기보험을 판매하기로 하였다. 이 보험의 일시납 순보험료를 계산기수로 표현하라.

3 35세 피보험자가 사망하면 사망한 연도 말에 보험금 5를 받는 종신보험의 일시납 순보험료를 계산기수로 표현하라.

4 $D_x = 100$, $D_{x+1} = 85$, $v = 0.9$일 때, C_x의 값을 구하라.

5 피보험자(x)가 아래 급부형태의 5년만기 기말급 정기보험에 가입하였다. 이 보험의 일시납순보험료를 계산기수로 표현하라.

보험년도	사망보험금
1	10
2	10
3	8
4	8
5	6

⑥ 다음의 조건 하에서 $A_{30\,:\,\overline{20|}}^{\quad 1}$을 구하라.

- $A_{30\,:\,\overline{20|}} = 0.44$
- $A_{30\,:\,\overline{20|}}^{\ 1} = 0.30$

⑦ 다음의 조건 하에서 A_{50}을 구하라.

- $A_{30\,:\,\overline{20|}} = 0.44$
- $A_{30\,:\,\overline{20|}}^{\ 1} = 0.30$
- $A_{30} = 0.37$

⑧ 예정이율이 i이고 예정사망률이 모든 연령에서 $q_x = q$로 일정하다고 가정할 때, A_x의 값을 i와 q로 나타내라. (단, 한계연령 $\omega = \infty$, $i > 0$, $0 < q < 1$)

⑨ 피보험자(30)가 30년 이내에 사망하면 사망한 연도 말에 보험금 1원을 지급받는 정기보험에 가입하였다. 이 경우 모든 x에 대해 $p_x = a\,(0 < a < 1)$ 일 때, 일시납 순보험료를 a의 식으로 표현하라. (단, $i = 0$)

⑩ 1년간 이자율이 10%이고 생존율이 90%로 일정하다고 가정할 때, 사망보험금 110원을 보험연도말에 지급하는 1년만기 정기보험의 일시납 보험료는 얼마인가?

11 다음 중 맞는 것에 ○표, 틀린 것에 ×표 하시오.

① 보험상품은 일반상품과 비교할 때 판매자와 소비자 간의 정보비대칭성이 더 크게 나타난다. (　)

② 손해보험회사는 생명보험회사가 판매하는 보험상품을 개발하여 판매할 수 없다. (　)

③ 부부는 생명보험에 가입하기 위해서는 반드시 남편과 아내를 각각 피보험자로 하는 별개의 보험상품에 가입해야만 한다. (　)

④ 보험기간이 같은 정기보험과 생존보험을 따로따로 구매하는 것이 양로보험을 구매하는 것보다 훨씬 효율적이다. (　)

⑤ 생명보험의 보험금은 피보험자 생명의 가치이다. (　)

⑥ 보험계약 체결후 보험계약자는 보험금을 납입하고 보험회사는 보험사고가 발생했을 때 보험료를 지급한다. (　)

⑦ 순수생존보험이 동일 이자율의 은행상품보다 저렴한 것은 사망한 사람들이 받지 못하는 몫을 생존한 사람들이 받기 때문이다. (　)

⑧ 동일한 리스크에 노출된 집단의 규모가 크면 클수록, 즉 관찰대상의 수가 커질수록 경험자료를 활용한 위험률의 추정치가 원래 집단의 속성과 유사해져서 통계적 신뢰성이 높아지는 데, 이를 대수의 법칙이라고 한다. (　)

⑨ 수지상등의 원칙이란 보험기간 중 어느 시점에서나 보험료 수입의 현재가치와 지급보험금의 현재가치가 같다는 것을 말한다. (　)

⑩ 계리현가는 사망률과 이자율을 동시에 고려하여 계산된다. (　)

제4장

연금보험

○ 연금의 개념
○ 생명연금

제1절 연금의 개념

1. 연금의 개요

(1) 연금의 정의

우리가 흔히 이야기하는 연금(年金)이라는 단어는 "pension"과 "annuity"의 두 가지 의미가 혼용되어 있다.

우선 pension은 근로를 통해 더 이상 정기적인 근로소득을 얻을 수 없는 상태(퇴직, 장애, 질병, 사망 등)에 직면한 근로자 혹은 그의 유족 등에게 근로소득을 대체하여 생활자금 명목으로 지급되는 정기적 현금급여(cash benefits)를 말한다. 예를 들어, 국민연금제도에서 노령으로 인한 근로소득 상실을 보전해주는 노령연금(old-age pension), 질병 또는 사고로 인한 소득상실을 보전해주는 장애연금(disability pension), 연금가입자의 조기 사망으로 인한 정기적 소득상실을 보전해주는 유족연금(survivor pension), 그리고 퇴직연금제도에서 근로자의 퇴직으로 인한 근로소득 상실을 보전해주는 퇴직연금(retirement pension)이다. 이는 연금이 한자로는 年金으로 표기되고 있으나 영문으로 pension에 해당한다.

⌛ 일시금으로 지급되는 연금[1]

Lump-sum Pension Payment…

Private corporations will cheer the Treasury move on lump-sum pension payments, but

knowledge.wharton.upenn.edu

annuity pension은 정기적으로 지급되는 소득대체형 연금이 되는 반면,
lump-sum pension은 일시금으로 지급된 노령연금이나 유족연금 등을 말한다.

---

1) 그림출처: https://knowledge.wharton.upenn.edu.

반면에 annuity는 급여(benefits)를 지급하는 하나의 방법으로서 일정기간 또는 생존기간 동안 매년, 매분기, 매월 등 미리 정해진 주기마다 지급되는 현금흐름을 말한다. 즉 일시금 지급과 대비되는 개념인데, annuity도 한자로는 똑같이 年金이지만 pension과는 확연히 구별되는 개념이다.

쉬어가는 코너

🖱 **전원주택(pension)의 유래**

전원주택인 pension은 고대 그리스에서 여행자에게 빵과 와인을 제공하는 간이식당으로 활용되었다. 처음에는 무료로 민박을 제공하다 상업무역이 발달하면서 유료로 숙소와 음식을 제공하는 영업장소로 바뀌었다. 당시의 노인 중 일부는 pension을 직접 짓거나 위탁받아 얻는 운영 수입을 노후생활비 등에 충당하였다.

프랑스의 팡송(PenSion)은 자연풍광이 좋은 전원에서 농어촌지역 주민이 운영한다.[2]

(2) 우리나라의 연금제도와 현황

우리나라는 1988년 1월 1일에 국민의 기본적인 노후생활을 보장하기 위하여 경제활동 인구(18~59세)를 기반으로 국민연금을 도입[3]하였고, 사적연금인 개인연금과 퇴직연금을 그 이후에 도입하였다.

---

2) 보험미래포럼(2010), 「연금의 진화와 미래」, 논형, p. 96.
3) 우리나라는 1960년 제4차 개정헌법에서 처음으로 '국가의 사회보장에 관한 노력'을 규정하였고, 1963년 11월 법률 제1437호로 전문 7개 조의 '사회보장에 관한 법률(現 사회보장기본법)'을 제정하였다. 그 후 1980년 10월 개정된 헌법에서 '사회보장'이라는 용어를 최초로 사용하였다. 그러나 전 국민을 대상으로 하는 국민연금은 1988년에야 비로소 도입된다.

1994년 6월 20일에 도입된 개인연금은 보험회사와 은행, 금융투자회사에서 판매하는 연금저축(세제적격연금)인데, 1993년 8월 금융실명제 실시에 따라 이자, 배당, 임대소득에 대한 세금부담으로 저축을 기피하여 가계금융이 위축되는 상황이 발생하자 전격 도입하였다.

그리고, 2005년 12월 1일 도입된 퇴직연금은 근로자의 안정적인 노후생활을 위한 목적으로 가입이 반강제적이고 제3자가 부담금(보험료)을 납입하므로 준공적연금(Quasi-public Pension)으로 분류되기도 한다.

⧖ 우리나라의 연금체계[4]

자산	5층	자산활용 및 역모기지			
소득	4층	사적근로, 사적이전 소득 등			
사적 연금	3층	개인연금(1994~)			
	2층	퇴직연금(2005~)	IRP(2017~)		IRP(2017~)
공적 연금	1층	국민연금(1988~)			특수직역연금*
	0층	기초노령연금(65세 이상 소득하위 70%)			
	대상	근로자	자영자	기타	공무원 등

* : 특수직역연금은 공무원, 사학, 군인, 별정우체국연금으로 구성.

앞서 살펴보았듯이 우리나라는 전 세계에서 가장 빠른 속도로 인구고령화가 진행되어 2017년에 고령사회로 진입하였다. 이에 따라 국민들의 노후대비에 대한 관심이 증대되었고 이를 반영하듯 우리나라의 연금시장 규모는 지속적으로 확대되어 2018년말 기준 연금자산은 1,166.5조 원에 달하고 있다.

특히 국민연금의 경우 다른 나라에 비해 상대적으로 늦은 1988년에 도입되었음에도 규모 면에서 세계 3위 수준[5]으로 커져서 2018년말 638.8

---

4) World Bank(1994)의 Pillar 방식과 OECD(2005)의 Tier 방식을 혼합하여 구성.

조원의 초대형 기금이 되었다.

한편, 2005년에 도입된 퇴직연금은 2018년말 190조원으로 전년말 168
조원 대비 12.8%로 급성장함에 따라 개인연금과 퇴직연금을 합한 적립
금(사적연금 적립금)은 527.7조원으로 전년말 498.5조원 대비 5.9% 증가하
였고, 이 사적연금이 전체 연금에서 차지하는 비중은 지속적으로 증가하
여 전년 44.5% 보다 0.7%p 상승한 45.2%가 되었다.

우리나라의 연금자산 현황[6]

(단위: 조원, %)

구 분	2015년말	2016년말	2017년말	2018년말	비 중
개인연금	292.2	310.9	330.1	337.7	28.9
퇴직연금	126.4	147.0	168.4	190.0	16.3
국민연금	512.3	558.3	621.7	638.8	54.8
합 계	931.0	1,016.2	1,120.2	1,166.5	100.0

2. 연금의 체계

(1) 공적연금

공적연금(public pension 또는 social security)이란 질병·장애·노령·
실업·사망 등 각종 사회적 위험으로부터 모든 국민을 보호하고 빈곤을
해소하며 국민생활의 질을 향상시키기 위하여 제공되는 사회보장제도를
말한다. 정상적인 보험료를 부담하기 어려운 저소득층의 노후를 위해 국
가가 적극적으로 개입하여 소득계층간 재분배하고 은퇴세대에 지급할
연금재원을 현재 근로세대가 부담하게 하여 세대간 재분배하는 구조이다.

---

5) 윌리스타워왓슨(WLTW)이 발표한 300개 대형 연기금 통계에 의하면 2017년 연기
   금의 운용자산(assets under management) 규모 기준으로 1위는 일본, 2위는 노르
   웨이이고 우리나라의 국민연금은 세계 3위로 기록되었다(http://www.theactuary.
   com/news/2018/09/indian-pension-fund-now-among-the-worlds-largest/).

6) 출처: 2018년 연금저축 현황 분석결과, 금융감독원 보도자료(2019.4.10.)

중세 유럽에서는 왕을 비롯한 권력층이 신하나 군인의 충성을 도모할 목적으로 연금을 활용하였다. 이는 특수 직역인 군인, 공무원, 경찰 등을 대상으로 한 일종의 공무원 연금이었는데, 1670년 영국은 퇴직 해군에게 퇴직 시 기본급의 50%를 종신연금으로 지급하였고, 미국은 1789년 독립전쟁에 참가한 상이군인에게 연금을 지급하였으며, 1857년 뉴욕 정부가 경찰관에게 연금을 지급하였다.[7]

그러나 최초의 보편적인 공적연금제도는 1889년 독일의 재상 비스마르크(O. E. L. von Bismarck, 1815~1898)가 일반 근로자들을 위해 시행한 강제제도인 노령연금이다. 이후 비록 제도의 설계나 내용은 다르나 서구 선진국의 많은 나라들에서 현대적 의미의 공적연금을 도입하게 되었는데, 영국이 1908년, 프랑스 1910년, 스웨덴 1913년, 이탈리아와 네덜란드는 1919년에 공적연금을 도입하였다. 비 유럽권 국가들에서는 뉴질랜드가 1898년, 호주 1908년, 아르헨티나 1904년, 캐나다 1927년, 미국 1935년, 일본 1941년, 중국이 1951년에 공적연금을 도입하였다.[8]

사회보장이란 용어는 1940년에 개념이 확립되었으나, 처음으로 사용된 것은 1935년 미국에서 사회보장법(Social Security Act)이 제정된 때부터이며, 그 이후 보편적으로 사용되어 왔다.

'사회보장의 아버지'로 불리는 비버리지(W. H. Beveridge, 1879~1963)는 1942년 영국 정부에 제출한 보고서에서 사회보장을 실업·질병 혹은 재해에 의하여 수입이 중단된 경우에 대처하고, 노령에 의한 퇴직이나 본인 이외의 사망에 의한 부양 상실의 대비, 그리고 출생·사망·결혼 등과 관련된 특별한 지출을 감당하기 위한 소득보장을 의미하는 것으로 정의하였다.

그는 빈곤과 결부시켜 사회보장은 '궁핍의 퇴치'라고 말하며 이는 국민소득의 재분배로 실현할 수 있으며 이를 통한 일정소득의 보장은 결국 국민생활의 최저보장을 의미하는 것이라 하였다.

---

7) 보험미래포럼(2010), 「연금의 진화와 미래」, 논형, pp. 13−69.
8) 국민연금연구원(2014), 「공적연금의 이해(II)」, pp. 50−51.

공적연금은 정부가 사회연대(social solidarity)를 명분으로 근로하고 있는 젊은 세대의 자산을 동시대를 살고 있는 노년 세대로 이전하는 것을 강제하는 부과방식(PAYG, Pay As You Go)으로 운영되기 시작했다.

그러나 이런 정부 주도의 연금제도는 산업혁명 이후 개인의 지속적인 소득증가와 의료기술의 발달 등으로 기대수명이 급격히 증가하면서 부작용을 드러낸다. 저출산과 함께 인구고령화가 가속화되면서 공적연금의 보험료(부담금)를 납입할 젊은 세대는 줄고 연금을 수령할 노년 세대의 인구가 급증함에 따라 공적연금의 재정문제가 발생하였다.

공적연금 재정이 불안정하더라도 노후소득보장이 공적연금 중심으로 이루어져야 한다는 사회적 인식이 강한 나라들은 젊은 세대가 납입하는 보험료를 인상하여 부족한 연금재정을 확보하고자 하였다. 하지만 보험료 인상을 통해 연금재정을 안정화시키는 것에 한계를 인지한 나라들은 재정방식을 부과방식에서 적립방식으로 전환하고, 연금수급연령을 상향 조정하거나 연금액을 삭감하기 시작한다. 또한 몇몇 나라는 공적연금의 특징은 유지하되 인구구조 변화에 신축적으로 대응하기 위해 공적연금을 부분적으로 민영화하기도 한다.

공적연금 부과방식(PAYG)의 한계점

모든 근로자가 1년 후에 은퇴한다고 가정하자.

1년간 임금상승률을 g, 인구증가율을 p라고 하고, 1년말에 받는 연금수령액을 B라고 하고, 지금 수령하는 급여를 W, 부담금 납입률을 α라고 하자. 그리고, 부담금을 납입하는 근로자의 수를 L이라고 하고, 연금을 수령하는 근로자의 수를 R이라고 하자.

1년말 시점(t)에 지급되야 할 전체 연금액은 1년말 시점(t)의 근로자가 납입해야 하므로 다음의 식이 성립한다.

- $B(t) \times R(t) = \alpha \times W(t) \times L(t)$

한편, 시점별 임금상승률과 인구증가율을 반영하면 다음과 같은 관계식을 구할 수 있다.

- $W(t) = (1+g) \times W(t-1)$
- $L(t) = (1+p) \times L(t-1)$
    $= (1+p) \times R(t)$

처음 식의 $W(t)$와 $L(t)$를 아래 식으로 대체하면 다음과 같이 식을 얻을 수 있다.

- $B(t) = \alpha \times (1+g) \times W(t-1) \times (1+p)$

따라서, 1년초 시점$(t-1)$에 납입한 금액 대비 1년말 시점(t)의 수익을 수익률로 계산하면 다음과 같다.

- 수익률 $= \dfrac{B(t) - \alpha \times W(t-1)}{\alpha \times W(t-1)}$

    $= p + g + p \times g$

    $\simeq p + g$

결국, 수익률은 거의 임금상승률과 인구증가율의 합계로 표현됨을 알 수 있다. 즉, 경기성장 둔화로 임금상승률이 억제되고 저출산으로 인구증가율이 낮아지면 부과방식의 수익률은 악화될 수밖에 없다.

(2) 사적연금

유럽대륙은 영국에 비해 봉건주의가 오랫동안 존속함에 따라 자본시장이 늦게 발달하여 사회연대(social solidarity)를 중시하는 공적연금이 강조되었던 반면, 영국과 미국은 자유주의적 사고에 따라 개인의 노후소득 마련은 개인의 자유의지와 책임으로 여김에 따라 사적연금(private pension) 제도가 중심이 되었다. 자본시장이 발달함에 따라 사적연금이 주식시장을 부양하고 주가상승이 근로자의 노후소득을 증대시키는 상호 호혜적 관계가 정착되었다.

사적연금은 보통 퇴직연금과 개인연금을 말하는데, 대다수 국가에서 공적연금은 정부가 국민들의 기본적인 생활보장을 위해 강제적으로 실시하는 반면 사적연금은 민간기업이나 개인이 선택적으로 가입한다.

퇴직연금은 기업연금(occupational pension, corporate pension), 퇴직저축(retirement savings), 노령퇴직저축(old age retirement savings) 등의 다양한 명칭으로 불리고 있는데, 영국과 미국 등은 근로자복지 후생을 위한 임의제도이므로 기업연금이라는 이름을 사용한다. 우리나라의 경우 법정 퇴직금제도를 기업연금제도로 전환하는 과정에서 퇴직금제도와 기업연금제도 중 선택이 가능하도록 제도를 개정함에 따라 퇴직연금제도로 이름을 정했다.

영국과 미국에서는 이타주의적 기업주들이 퇴직연금을 처음으로 제공하기 시작했으나, 기업주 입장에서 정기급여 이외에 퇴직연금을 제공한다는 조건을 통해 우수한 인력을 고용할 수 있었고, 이렇게 고용된 인력이 성심을 다하여 정직하게 장기근무하도록 하는 동기를 부여함으로써 생산성을 높이기 위해 실시했던 교육, 훈련 비용을 회수할 수 있었고, 평균 수명의 증대에 따라 생산성이 감소하는 근로자들을 체계적으로 관리하는 방법이 될 수 있었기에 대다수의 기업들이 적극적으로 도입하게 된다.[9]

근로자측에서도 개인별 투자보다 연금을 통한 투자가 투자기회나 운용비용 등에서 유리하다는 신뢰가 확산되면서 퇴직연금이 기업과 노동조합의 단체 고용협상 시 매우 중요한 변수가 되었고, 기업은 퇴직연금

---

9) David Blake(2006), *Pension Economics*, John Wiley & Sons Inc, p. 49.

을 직접적 임금인상의 회피 수단으로 활용하는 등 근로자들을 효과적으로 통제하기 위한 수단으로 활용하게 되었다. 물론 퇴직연금을 실시하는 기업 및 근로자들에게 세제혜택이 부여된 것도 퇴직연금 활성화에 커다란 영향을 주었다.

퇴직연금제도는 크게 확정급여형(DB, Defined Benefit)제도와 확정기여형(DC, Defined Contribution)제도로 나누어 볼 수 있다.[10]

DB제도는 근로자가 퇴직시 받을 퇴직급여가 근무기간과 평균임금에 의해 사전에 확정되어 있는 연금제도인데, 기업이 적립금을 직접 운용하고 그 운용결과에 따라 적립해야 할 부담금이 변동하며 이자율과 임금상승률, 퇴직률, 사망률 등 퇴직급여액 산정의 기초율이 변하는 경우 기업이 그 변동위험을 전적으로 부담한다. 가령 20년을 재직했던 A부장의 퇴직 직전 3개월 평균급여가 500만원이었다면 예상 퇴직급여는 1억원(=500만원×20년)인데, 회사는 이 금액을 미리 적립하여 운용하고 그 운용결과가 1억원을 넘으면 1억원만 근로자에게 지급하고, 1억원에 미달하면 회사가 추가로 비용을 부담하여 1억원을 지급해야 한다. 즉, 기업이 적립금의 운용 및 이와 관련된 투자리스크를 모두 책임지는 구조이므

⧗ DB제도의 구조

퇴직급여 (Benefit)	=	부담금 (Contribution)	+	운용수익
확정		변동		변동

---

10) DB제도와 DC제도 이외에 IRP(Individual Retirement Pension Plan, 개인형퇴직연금제도)가 있다. IRP는 근로자가 퇴직 또는 직장을 옮길 때 받은 퇴직금(퇴직연금 일시금)을 자기명의계좌에 적립했다가 세제혜택을 받으면서 연금 등 노후자금으로 활용할 수 있도록 유도하기 위하여 설립된 제도로서 근로자가 퇴직할 경우 개인형 퇴직연금 계좌를 설정하여 해당 계좌로 퇴직급여가 강제 이전된다. 다만, 소규모 사업장에서도 퇴직연금제도 도입에 따른 부담을 경감하여 퇴직연금제도 도입을 유도하기 위하여 상시근로자 10인 미만 기업의 경우 개별 근로자의 동의를 받거나 근로자의 요구에 의해 개인형 퇴직연금제도(기업형 IRP)를 설정하면 퇴직급여제도를 설정한 것으로 인정받을 수 있다.

로 근로자는 퇴직금의 투자나 관리에 직접적으로 관여하지 않는다. 따라서 임금상승률이 높고 장기근속이 가능한 기업의 근로자에게 유리하다.

반면에 DC제도의 경우 퇴직연금제도를 도입한 사용자(이하 기업)는 최소한 매년 근로자 임금의 1/12 이상을 부담금으로 납부하면 모든 책임을 다하는 것이고, 근로자가 적립금의 운용방법을 결정하여 그 운용성과에 따라 퇴직 후 급여액을 받게 된다. 예를 들자면, B대리가 자신의 퇴직연금계좌에 입금되는 한 달치 월급을 펀드 등으로 운용하고 그 누적금액을 퇴직 후에 연금으로 받는 방식이다. 따라서, 근로자가 적립금을 어떻게 운용하느냐에 따라 발생하는 손익에 따라 퇴직급여가 커질 수도 있고 작아질 수도 있다. 일반적으로 파산위험 및 임금체불 위험이 있는 기업에 근무하는 근로자나 임금상승률이 낮거나 임금피크제에 진입한 근로자 등에게 유리한 제도이다.

⏳ **DC제도의 구조**

퇴직급여 (Benefit)	=	**부담금** **(Contribution)**	+	운용수익
변동		**확정**		변동

개인연금은 개인이 자발적으로 자기가 원하는 금액을 일시납 또는 적립식으로 금융회사에 납입하고 특정시점 이후에 연금(annuity) 또는 일시금을 수령하는 장기저축상품이다. 우리나라의 경우 보험회사는 연금저축보험, 은행은 연금저축신탁, 금융투자회사는 연금저축펀드의 형태로 상품을 제공하고 있다.

사적연금의 발달과정[11]

사적연금의 초기 형태는 친족, 지역 혹은 직업공동체가 각종 위험의 분산을 위해 만든 공제제도에서 그 기원을 찾을 수 있다. 중세 시대 수도원 등에서 교회 건물의 신·증축에 필요한 재원을 기부 받는 대신 기부자의 노후생활을 보장해주는 제도가 있었다. 일본에서도 막부시대에 상가에서 오래 근무한 사람이 독립할 경우에 해당 상가의 상호를 사용할 수 있게 하고 자금을 지원하였으며, 손님을 나눠주는 제도가 있었는데 이것이 일종의 퇴직급여 제도이다.

현대적 의미의 퇴직급여제도로는 미국 아메리칸 익스프레스사가 1875년에 도입한 확정기여형 자사연금이 시초로 알려져 있으며, 우량 기업차원에서 퇴직연금이 시행되었다. 그리고 1952년 GM의 윌슨 회장이 제안한 퇴직연금 창설을 전미 자동차 노조가 받아들임으로써, 근대식 퇴직연금을 최초로 도입하게 되었다. 한편, 개인연금은 1692년에 자영업자 퇴직소득세법에 기초하여, 자영업자와 그 근로자를 대상으로 한 키오플랜(Keogh Plan)을 효시로 들 수 있다. 이후 미국은 1974년 근로자퇴직소득보장법(ERISA)을 제정하고 퇴직연금의 혜택을 받지 못하는 근로자를 대상으로 개인퇴직계좌(IRA)를 도입하였다.

(3) 연금체계의 변화

1936년 케인즈(John Maynard Keynes, 1883~1946)가 소비와 저축을 결정하는 것이 소득규모라는 절대소득이론을 주장한 이후, 1937년 프리드먼(Milton Friedman, 1912~2006)은 개인의 소비는 항상소득에 의해 결정된다는 항상소득이론을 펼쳤다. 그리고 드디어 1963년에 모딜리아니(Franco Modigliani, 1918~2003)는 가계저축과 소비행동을 설명하는 생애주기이론(life-cycle theory)을 세상에 내놓는다.

생애주기이론에 따르면 소비자는 개인의 노동소득이 많은 청·장년기에는 소비를 소득보다 적게 하여 그 차액을 저축하고, 소득이 줄어 든

---

11) 국민연금연구원(2014), 『공적연금의 이해(Ⅱ)』, pp. 50-51.

⧖ 생애주기이론 도해[12]

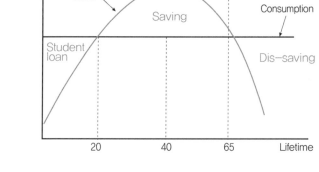

노년기에는 청·장년기에 저축한 자산을 소비함으로써 소비수준을 일정하고 안정하게 유지하려고 한다. 즉, 위험회피적 개인이 저축과 소비의 최적배합을 통해 생애전체의 기대효용을 극대화한다.

그렇다면, 개인이 자발적으로 은퇴 이후 소비할 자금을 미리 마련하려고 하기 때문에 사적연금이 활성화되고 정부가 나서서 공적연금 등을 통해 공공부조를 할 필요가 없는 것 아닌가?

하지만 대부분의 사람들은 이렇게 합리적이지 않고 근시안적(myopic)이어서 은퇴 이후 적정소비 수준을 유지하기 위해 필요한 자산을 미리 충분히 축적해 놓지 않는다. 따라서 정부가 개입하여 연금을 제도화하고 강제화하기도 한다.

앞서 이야기한 공적연금의 재정문제로 인하여 대부분 나라에서 사적연금의 활성화를 통해 공적연금의 한계를 극복하여 노후소득보장을 강화하려는 제도적 개혁을 실시한다. 즉, 사적연금에 세제혜택의 부여를 확대시키고 적립금을 연금으로 수령하도록 하는 방법으로 정부가 국민들로 하여금 스스로 노후소득재원을 마련하도록 유도하는 것이다.

하지만 사적연금 중심으로 노후소득보장체계가 강화될수록 예상하지

---

12) 출처: https://www.economicshelp.org/

못한 부작용이 발생하였다.[13] 퇴직연금사업자가 채산성을 이유로 영세사업장과 자영업자의 가입권유에 적극적으로 나서지 않고, 규모의 경제(economies of scale) 실현이 어렵다는 이유로 높은 수수료를 부과함에 따라 저소득 근로자가 사적연금의 사각지대에 방치되는 시장실패(market failure)가 발생한다. 결국 저소득 근로자는 공적 및 사적연금 모두에서 소외되게 되자, 주요국에서는 저소득층을 위해 정부가 다시 시장에 적극 개입한다.

영화 "고잉 인 스타일"은 30년간 재직했던 철강회사가 퇴직연금 지급을 중단하자 가난해진 노년의 퇴직자들이 의기투합하여 은행강도로 나서는 이야기이다. 미국의 경우 확정급여형 퇴직연금제도를 도입한 기업은 근로자가 은퇴한 후에도 퇴직자에게 연금을 지급하게 되어 있어 상당한 부담이 되고 있는데, 영화 속에서는 기업이 합병하면서 연금지급을 동결하는 내용을 담고 있다.

　2018년 중 만 55세 이상자로서 퇴직급여를 받기 시작한 우리나라 퇴직연금 계좌 296,372좌 중에서 일시금(lump-sum)이 아닌 연금(annuity)을 받는 것으로 선택한 계좌는 6,145좌로 그 비율은 2.1%에 불과한 것으로 나타났다. 대다수 국민들이 노후대비를 위해서 연금이 필요하다고 느끼는데도 불구하고 정작 연금개시시점이 되어서는 연금으로 수령하여 노후생활자금으로 사용하지 않고 일시금으로 인출해서 소진하는 이유는 무엇일까?

---

13) 한국보험학회(2014), 「보험학50년」, p. 20, p. 294.

은퇴자산의 연금화(annuitization)가 합리적 의사결정임에도 소비자들이 이를 기피하는 것을 연금퍼즐(Annuity Puzzle)이라고 한다.[14] 따라서, 사람들이 왜 연금으로 수령하지 않느냐에 대한 답을 구하는 것은 연금퍼즐을 푸는 것이 된다.

우리나라 은퇴자들의 경우 자녀의 교육이나 결혼 등을 위한 자금, 즉 다음 세대로의 증여나 상속의 동기(bequest motive)가 연금퍼즐의 해법이 될 수 있겠지만, 최근 연금보험에 대한 수요가 낮아지고 있는 경향의 배경을 살펴보는 것도 퍼즐을 푸는 좋은 접근법이 될 것 같다.

소비자는 사적연금제도를 통해서 연금 자산을 축적하는 적립단계(Phase I accumulation)와 적립된 자산을 소득흐름으로 전환하는 수령단계(Phase II decumulation)를 거치게 된다.

우리나라가 2005년 퇴직연금제도를 시행할 당시 수령단계에서 일시금 인출을 기본으로 하는 제도(pension equity plan)로 운영했던 것과 달리 다른 국가들은 적립된 퇴직연금 적립금을 특정연령 이전에 종신연금으로 강제전환하는 의무 연금전환제도를 운영하고 있었다.

이런 의무 연금전환제도하에서 연금가입자는 종신연금을 통해 장수리스크에 완전히 대비하는 장점이 있었다. 그러나, 저금리가 지속되면서 수령하는 연금액이 낮아지고 물가상승시 연금의 실질가치가 하락하는 리스크에 직면하게 되자 이러한 의무적 연금수령을 폐지(pension freedom)하는 나라들이 생겨나기 시작했다.

2014년 4월 영국은 이러한 이유로 퇴직연금 적립금의 의무적 연금수령을 폐지하였고, 그 이후 종신연금 선택비중은 94%에서 10%로 급감하고 1994년에 종신연금을 판매회사가 25개 사였으나 2017년에는 총 8개 사로 축소되었다.[15]

---

14) It is a well known fact that annuity contracts, other than in the form of group insurance through pension systems, are extremely rare. Why this should be so is a subject of considerable current interest. It is still ill−understood(Franco Modigliani. 1985. Nobel prize acceptance speech).

15) 김세중(2017.11), "영국 연금시장 경쟁도 변화와 시사점", 「KiRi 고령화리뷰」, 제15호.

제2절 생명연금

1. 생명연금의 개념

앞절에서는 공적연금과 사적연금의 체계와 쟁점 등을 중심으로 주로 pension으로서의 연금을 바라봤다면, 지금부터는 annuity로서의 연금을 살펴본다.

그런데, 이미 우리는 앞서 제1장 이자론에서 확정기간연금(annuity-certain)이라는 것이 있고 이것은 미리 정해진 주기에 따라 일정금액이 지급되는 현금흐름이라는 것을 살펴본 바 있다. 여기서 이 확정기간연금은 확정된 기간 동안 연금 수령자의 생존여부와 무관하게 무조건 지급되는 연금이므로, 사람의 생존율 등을 전혀 고려할 필요가 없으므로 은행이나 금융투자회사들도 손쉽게 만들어서 판매하고 있다.

이와는 달리 지금부터 설명하게 될 생명연금(life annuity)은 연금 수령자의 생존을 연금 지급의 전제조건으로 하여 현금흐름이 발생하는 연금을 말한다. 즉, 연금 수령자가 생존해 있어야만 연금 지급이 이루어지는 것이므로, 제2장의 위험률을 통해서 살펴본 생존율을 고려해야만 하므로 생명표를 만들고 관련 리스크를 측정하고 관리할 수 있는 전문적인 금융기관인 보험회사만이 취급할 수 있는 금융상품이다.

생명연금은 연금이 지급되는 기간에 따라서 크게 종신(생명)연금(whole life annuity)과 정기생명연금(temporary life annuity)으로 분류된다.

- **종신연금**: 연금 수령자가 사망할 때까지 매년 연금이 지급되는 생명연금을 말한다.
- **정기생명연금**: 연금 수령자가 사망할 때까지 연금을 지급하되 10년, 20년 등 유한한 기간을 정해놓고 이 정해진 기간보다 오래 살 경우에는 지급하지 않는 연금이다.

정기생명연금은 생존기간과 이 정해진 기간의 최소값에 해당하는 기간에만 연금을 지급한다.

한편, 연금지급시점에 따라 연금지급단위의 초기에 지급되는 기시급 연금(annuity due)과 말기에 지급되는 기말급 연금(annuity immediate)으로 분류한다.

그리고 정기적으로 지급되는 현금흐름이 정해져 있는 것인지 아니면 투자실적 등으로 변화하는 것인지에 따라서 정액연금(fixed annuity)과 변액연금(variable annuity)으로 분류된다.

연금계약 체결과 동시에 현금흐름이 발생하는 경우 즉시연금(immediate annuity)이라고 하고 일정 기간 이후부터 현금흐름이 발생하도록 설계된 연금의 경우 거치연금(deferred annuity)이라고 한다.

👥 생명연금의 국제계리기호

제1장 이자론에서 n년 동안 매년 초에 1원의 연금이 지급되는 기시급 확정기간연금(annuity－due)의 모든 현금흐름의 현재가치 합계를 $\ddot{a}_{\overline{n}|}$라는 국제계리기호로 표기하며, 매년말에 지급하는 기말급 확정기간연금(annuity－immediate)은 $a_{\overline{n}|}$로 표기하는 것을 소개한 바 있다.

확정기간연금에서는 기간을 나타내는 오른쪽 아래첨자 $\overline{n}|$에서 n이 고정되어 있는 반면, 생명연금의 경우는 n이 정해져 있는 상수가 아니라 연금 수령자의 생존기간에 따라 그 값이 달라질 수 있다. 따라서 연금 수령자의 가입연령 x를 아래첨자에 병기하면서 생명보험의 일시납보험료 표기와 동일한 규칙을 적용한다.

생명연금 기본 유형의 국제계리기호

보험종류			표기
종신연금	whole life annuity	기시급	$\ddot{a}_x$
		기말급	a_x
n년 정기연금	temporary life annuity	기시급	$\ddot{a}_{x:\overline{n}}$
		기말급	$a_{x:\overline{n}}$
m년거치 종신연금	deferred annuity	기시급	$_{m\vert}\ddot{a}_x$
		기말급	$_{m\vert}a_x$

쉬어가는 코너

톤틴연금(tontine scheme)[16]

톤틴연금은 사망률을 전혀 고려하지 않은 연금으로 생명표가 나오기 이전, 즉 사망률과 생존율의 개념이 없던 시절에 도입되었다.

가입자들이 일정 금액을 투자하여 기금(tontines)을 형성하고 정부가 자금을 운영하면서 매년 이자수익을 생존자에게만 배당(payout)한다. 가입자가 사망할 경우 그가 받을 배당금은 다른 생존자에게 배당되어 배당액이 기하급수적으로 증가하고, 최후 생존자가 남을 때까지 지속[17]된 후 모두 사망하면 기금은 정부에 귀속되는 구조였다.

톤틴연금은 프랑스뿐만 아니라 영국, 네덜란드 등 유럽에서 국가재원조달 방법으로 널리 채택되었으나, 보험계리가 사용되지 않음에 따라 합리성이 결여된 상품이었고 자신의 배당금을 높이기 위하여 가입자를 대상으로 하는 살인이 발생하는 등 도덕적 문제가 발생하여 20세기에 들어서면서 불법화되었다.[18]

---

16) 성주호(2018), 「최신 연금수리학」, 법문사, pp. 150-154.
17) 최초 톤틴연금 가입자 중 최종 생존자인 Charlotte Barbier는 사망직전(96세) 투자한 금액(300 livre)의 243배(73000 livre)를 배당액으로 수령하였다.
18) 그러나, 최근 캐나다 York University의 Milevsky 교수는 투자자 전체의 사망률을 감안해서 일정 배당액(payment)을 보장해주는 수정 톤틴연금을 제안했다.

프랑스 태양왕 루이 14세(Louis XIV, 1638~1715)는 오랜 전쟁과 내란으로 어려워진 국가 재정을 복원시키기 위하여 1653년 이탈리아 은행가 톤티(Lorenzo de Tonti, 1602~1684)에게 요청하여 톤틴연금을 처음으로 고안하였다(사진은 프랑스 파리 루브르 박물관 앞 루이 14세의 동상이다).

2. 생명연금상품

(1) 정기생명연금과 종신연금

정기생명연금은 연금 수령자가 보험만기보다 오래 살 경우에는 연금을 지급하지 않는 생명연금상품이다. 수지상등의 원칙을 이용하여 3년 만기 정기생명보험의 일시납 순보험료를 구해보자.

계산의 편의를 위해서 건강상태가 동일한 30세 남자 100,000명이 생존시 매년 100만원을 받는 3년 만기 정기생명연금에 동시에 가입했고, 연금은 매년 초에 생존했을 때에만 받을 수 있다고 가정하자.

보험회사가 가지고 있는 30세 남자의 생명표는 제3장의 표와 같고, 3년 동안 항상 이자율은 연복리 2.0%로 변화가 없어서 제3장의 현가율표와 같다고 하자.

이런 가정하에서 3년간 연금 수령액을 최초가입시점 기준 계리현가로 계산해 보자.

- 1차년도초의 생존자는 10만명 전부이고 계약체결과 동시에 보험회사가 지급하는 연금액은 1,000억원(100만원×10만명)이다.
- 2차년도초의 생존자는 99,850명이고 100만원을 2차년도초, 즉 계

약체결후 만 1년 경과시점에 지급하게 되므로 연금액의 계리현가는 1년 현가율을 곱한 100만원×0.98039×99,850명이 된다.

• 3차년도 값은 생존자 99,699명에게 100만원씩 3차년도초, 즉 계약체결후 만2년 경과시점에 지급되므로 2년 현가율을 곱하면 100만원×0.96117×99,699명이 된다.

• 이 3개년 동안 지급되는 연금액의 현가를 모두 더한 293,719,940,888원이 총 연금액의 계리현가가 된다.

이를 그림으로 표현하면 다음과 같다.

⌛ 총 연금의 계리현가 합계

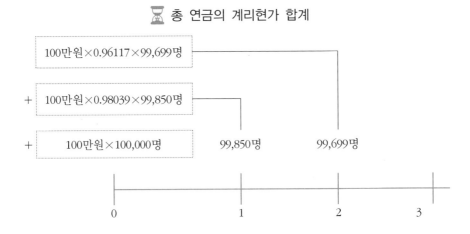

이 때 10만명의 30세 남성 가입자들이 이 정기생명연금상품을 구입하기 위해서 납입해야 할 일시납 순보험료는 얼마일까? 수지상등의 원칙을 이용하면 다음 식의 A값을 구하면 된다.

• 10만명×A원 = 293,719,940,888원

따라서 30세 남자가 납입해야 할 3년 만기 정기생명연금의 일시납 순보험료(A)는 2,937,199원(293,719,940,888원÷10만명)이 된다.

한편, 종신보험은 연금 수령자가 생존해 있는 동안은 계속 연금이 지급된다. 따라서, 지금 살펴본 3년 정기생명연금과 달리 생명표에서 생존자가 0명이 될 때까지 매년 연금액을 계리현가로 계산하여 합산한 후 수지상등의 원칙을 통해 일시납 순보험료를 구하면 된다.

👥 계산기수를 사용한 정기생명연금의 계리현가(일시납 순보험료) 계산

n년 만기 정기생명연금은 (x)세 피보험자 l_x명이 n년 동안 생존시 매년 초에 1원씩 지급하는 연금보험이다. 연금가입시점에 보험회사에 유입될 일시납 순보험료의 총합계는 $l_x \cdot \ddot{a}_{x:\overline{n}|}$이 된다.

반면에 향후 생존자에게 지급될 예상 연금액에 대한 가입시점에서의 계리현가는 $l_x + v \cdot l_{x+1} + v^2 \cdot l_{x+2} + \cdots + v^{n-1} \cdot l_{x+n-1}$ 이므로 수지상등의 원칙을 적용하면 다음과 같은 식을 얻을 수 있다.

• $l_x \cdot \ddot{a}_{x:\overline{n}|} = l_x + v \cdot l_{x+1} + v^2 \cdot l_{x+2} + \cdots + v^{n-1} \cdot l_{x+n-1}$

이를 그림으로 나타내면 다음과 같다.

⏳ 정기생명연금의 수지상등의 원칙

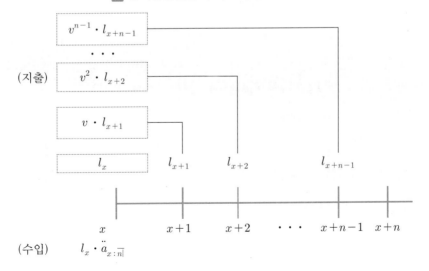

양변을 l_x로 나누어서 왼쪽 변을 $\ddot{a}_{x\,:\,\overline{n|}}$으로 만들어 정리하면 다음과 같이 계산기수로 표현된 식을 얻게 된다.

- $\ddot{a}_{x\,:\,\overline{n|}}$

$$= \frac{l_x + v \cdot l_{x+1} + v^2 \cdot l_{x+2} + \cdots + v^{n-1} \cdot l_{x+n-1}}{l_x}$$

$$= \frac{v^x \cdot l_x + v^{x+1} \cdot l_{x+1} + v^{x+2} \cdot l_{x+2} + \cdots + v^{x+n-1} \cdot l_{x+n-1}}{v^x \cdot l_x}$$

$$= \frac{D_x + D_{x+1} + D_{x+2} + \cdots + D_{x+n-1}}{D_x}$$

$$= \frac{N_x - N_{x+n}}{D_x}$$

👪 국제계리기호를 사용한 종신연금의 일시납 순보험료 계산

연금 수령자가 사망할 때까지 매년 초에 1원씩 지급하는 생명연금을 기시급 종신연금(whole life annuities due)이라고 하는데, 국제계리기호로 $\ddot{a}_x$로 표기한다. 이를 계산해 보면 다음과 같다.

먼저, $t = 0$ 시점에 지급되는 연금 1은 계리현가도 1이다. $t = 1$ 시점에 지급되는 연금 1을 $t = 0$ 시점의 계리현가로 나타내면 그 값은 $v \cdot p_x$가 되고, $t = 2$ 시점에 지급되는 연금 1을 $t = 0$ 시점의 계리현가로 나타내면 그 값은 $v^2 \cdot {}_2p_x$가 된다. 이렇게 계속하면 $t = n$년의 연금 1은 $t = 0$ 시점의 계리현가가 $v^n \cdot {}_np_x$가 된다. 이 연금의 계리현가들을 모두 더한 것이 종신연금의 계리현가가 된다.

- $\ddot{a}_x = 1 + v \cdot p_x + v^2 \cdot {}_2p_x + \cdots + v^n \cdot {}_np_x + \cdots$

$$= \sum_{k=0}^{\infty} v^k \cdot {}_kp_x$$

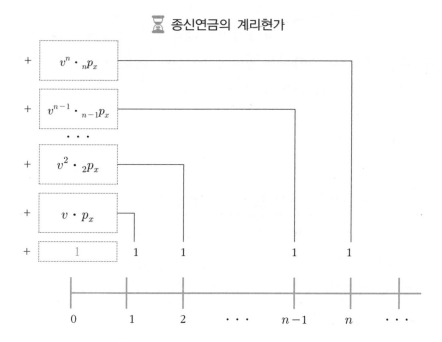

종신연금의 계리현가

한편, 연금 수령자가 사망할 때까지 매년 말에 1원씩 지급하는 생명연금인 기말급 종신연금(whole life annuities immediate) a_x은 다음과 같이 표현되는 것을 알 수 있다.

- $a_x = v \cdot p_x + v^2 \cdot {}_2p_x + \cdots + v^n \cdot {}_np_x + \cdots$

$$= \sum_{k=1}^{\infty} v^k \cdot {}_kp_x$$

(2) 보증기간부 종신연금

종신연금의 경우 연금수령자가 생존할 때만 연금이 지급되므로 연금개시이후 조기사망을 하게 되면 보험료는 많이 납입했음에도 연금은 거의 받지 못하고 보험계약이 종료될 수도 있다. 이 경우 때문에 노후소득 보장을 목적으로 하는 연금에 가입하려는 계약자들이 연금가입을 꺼려하는 원인이 될 수 있다. 따라서, 10년 정도는 생명연금이 아니라 확정기간연금으로 구성하고 10년 이후부터는 생명연금으로 변화하도록 종신연금상품을 구성하여 판매하는 것이 일반적이다. 이를 10년 보증기간부 종신연금(immediate 10 year certain and whole life annuity)이라고 하는데, 상품을 구성하는 것이 복잡하거나 어려운 것이 아니다. 단순히 10년 확정기간연금과 10년 거치 종신연금을 합하기만 하면 되는 단순한 상품이다.

👨‍👩‍👧 n년 보증기간부 종신연금의 일시납 순보험료 계산

피보험자 (x)에게 보험료납입과 동시에 매년 1원의 연금이 지급되기 시작하는 n년 보증기간부 기시급 종신연금을 구해보자. 이 연금은 국제계리기호로 $\ddot{a}_{\overline{x:\overline{n|}}}$으로 표기되는데, n년 확정기간연금과 $x+n$세까지 종신연금을 거치하는 구조이므로 다음과 같은 산식으로 표현된다.

- $\ddot{a}_{\overline{x:\overline{n|}}} \equiv \ddot{a}_{\overline{n|}} + {}_{n|}\ddot{a}_x$

  $\qquad = \ddot{a}_{\overline{n|}} + \ddot{a}_x - \ddot{a}_{x:\overline{n|}}$

한편 퇴직연금제도에서는 세제혜택 등을 위해 연금수령으로 인정받기 위해서는 연금지급기간이 최소한 5년 이상이어야 함을 근로자퇴직급여보장법 제17조에서 규정하고 있는데, 이에 따라서 보험회사는 5년 이상의 확정기간연금을 퇴직연금 지급 상품 안에 설계하고 있다.

한편, 즉시연금은 연금 수령자가 목돈(일시납 보험료)을 한번에 내고 생존기간 동안 연금을 받는 상품이다. 보통은 일시납 보험료를 납입한 다음 달부터 매월 연금액을 수령하도록 설계된다. 그런데, 일시납 보험료 전액을 생존기간 동안 나누어 수령하도록 설계할 수도 있지만, 일시납 보험료를 원금으로 하여 사망시에 상속자산으로 남겨두고 보험회사가 그 원금을 가지고 매년 자산운용하여 얻은 이자를 연금액으로 수령하도록 설계한 상품도 있다. 후자를 상속형 종신연금이라고 하는데, 비교적 고액의 뭉돈을 운용하는 사람의 경우 사망시 원금을 그대로 보전하여 상속자산으로 전환할 수 있으므로, 상속동기(bequest motive)가 강한 우리나라에서는 상속형 종신연금의 선택비중이 매우 높은 편이다.

제4장의 요약

☐ 연금(年金)은 "pension"과 "annuity"의 두 가지 의미가 있다.

  ○ pension은 근로를 통해 더 이상 정기적인 근로소득을 얻을 수 없는 상태일 때 지급되는 정기적 현금급여(cash benefits)를 말한다.

  ○ annuity는 급여(benefits)를 지급하는 하나의 방법으로서 일정기간 또는 생존기간 동안 정해진 주기마다 지급되는 현금흐름을 말한다.

☐ pension은 공적연금과 사적연금으로 나뉜다.

  ○ 공적연금(public pension, social security)이란 국민생활의 질을 향상시키기 위하여 모든 국민에게 제공되는 사회보장제도를 말한다.

  ○ 사적연금은 보통 퇴직연금과 개인연금을 말하는데, 일반적으로 민간기업이나 개인이 선택적으로 가입한다.

☐ 기시급 종신연금 $\ddot{a}_x$은 (x)세 피보험자가 생존시 매년 초에 1원씩 지급하는 연금보험이다.

$$\bullet \quad \ddot{a}_x = \frac{N_x}{D_x} = \sum_{k=0}^{\infty} v^k \cdot {}_k p_x$$

☐ n년 만기 기시급 정기생명연금 $\ddot{a}_{x:\overline{n}|}$은 (x)세 피보험자가 n년 동안 생존시 매년 초에 1원씩 지급하는 연금보험이다.

$$\bullet \quad \ddot{a}_{x:\overline{n}|} = \frac{N_x - N_{x+n}}{D_x} = \sum_{k=0}^{n-1} v^k \cdot {}_k p_x$$

제4장의 연습문제

1 pension과 annuity의 차이에 대하여 설명하라.

2 다음 빈칸에 알맞은 말을 채워라.

> (   )는 기업이 적립금을 직접 운용하고 그 운용결과에 따라 적립해야 할 부담금이 변동하며 이자율과 임금상승률, 퇴직률, 사망률 등 퇴직급여액 산정의 기초율이 변하는 경우 기업이 그 변동위험을 전적으로 부담하는 퇴직연금제도이다.

3 노벨경제학상 수상자인 모딜리아니가 주장한 이론으로써, 소비자는 개인의 노동소득이 많은 청·장년기에는 소비를 소득보다 적게 하여 그 차액을 저축하고, 소득이 줄어 든 노년기에는 청·장년기에 저축한 자산을 소비함으로써 소비수준을 일정하고 안정하게 유지하려고 한다는 이론은 무엇인가?

4 생명연금과 확정기간연금의 차이에 대해서 설명하라.

5 준휘생명보험주식회사는 35세 피보험자가 사망할 때까지 매년 초에 연금 1원을 지급하는 종신연금을 출시하였다. 이 보험의 일시납 순보험료를 계산기수로 표현하라.

6 35세 임준성씨는 25년 동안 생존하면 매년 초에 연금 1원을 받는 25년 만기 정기생명연금에 가입했다. 이 보험의 일시납 순보험료를 계산기수로 표현하라.

7 다음 식의 □를 채워라.

- $\ddot{a}_x = \square + a_x$

8 $\ddot{a}_x = 12.5$, $q_x = 0.01$ 이다. 사망률 q_x 만이 0.05로 변경되고 나머지 연령대의 사망률은 변하지 않았다면, 변경된 $\ddot{a}_x$의 값은 얼마인가?(단, $i = 0.06$)

9 $i = 4\%$, $\ddot{a}_{40:\overline{10|}} = 10$, $\ddot{a}_{41:\overline{9|}} = 9.6$일 때 q_{40}의 값을 구하라.

10 피보험자 (x)에게 보험료납입과 동시에 매년 1원의 연금이 지급되기 시작하는 10년 보증기간부 기시급 종신연금을 확정기간연금과 생명연금의 국제계리기호를 써서 나타내라.

11 다음 중 맞는 것에 ○표, 틀린 것에 ×표 하시오.

① pension이란 더 이상의 근로수입이 불가능한 경우, 특히 늙거나 병든 경우에 일종의 소득대체금액으로 정기적으로 지급되는 금액을 말한다.

( )

② annuity란 일정 기간 혹은 특별사건(예를 들면, 사망사건 등)이 발생할 때까지 정기적으로 지급되는 급여의 흐름을 의미한다. (　　)

③ 확정기여형 퇴직연금제도는 근로자가 퇴직시 받을 퇴직급여가 근무기간과 평균임금에 의해 사전에 확정되어 있는 제도인데, 기업이 적립금을 직접 운용하고 그 리스크를 전적으로 부담한다. (　　)

④ 은퇴자산의 연금화(annuitization)가 합리적 의사결정임에도 소비자들이 이를 기피하는 것을 연금퍼즐(Annuity Puzzle)이라고 한다. (　　)

⑤ TDF(Target Date Fund)는 생애주기이론을 근간으로 조성된 펀드이다.

(　　)

⑥ 기시급 연금은 영어로 annuity due인데 연금이 마지막에 지급되고도 계약이 남아 있음을 나타내고 있기에 due라는 용어를 사용하는 것이다. (　　)

⑦ 확정기간연금은 연금 수령자가 확정기간 동안 살아있는 경우에만 연금이 지급된다. (　　)

⑧ 확정기간연금은 보험회사만 판매가능하다. (　　)

⑨ 투자실적 등으로 연금액이 변화하는 연금을 변액연금(variable annuity)이라고 한다. (　　)

⑩ 다른 조건이 모두 같다면 기시급 생명연금이 기말급 생명연금보다 일시납 순보험료가 더 크다. (　　)

제 **5** 장

보험료 및 준비금과 연금채무

○ 보험료와 책임준비금
○ 연금 부담금과 연금채무

제1절 보험료와 책임준비금

1. 보험료 산출

(1) 일시납과 분할납

보험료는 한꺼번에 전부를 낼 수도 있고 여러 차례 나누어 납입할 수도 있다. 한꺼번에 내는 보험료를 일시납 보험료(single premium)라고 하고 여러번 나누어 내는 것은 분할납 보험료라고 하는데 납입주기에 따라서 월납보험료(monthly premium), 연납보험료(annual premium) 등으로 나누게 된다.

그런데 보험료를 일시납으로 내는 것과 월납으로 나누어 내는 것 중 어느 것이 보험료를 내는 보험계약자 입장에서 유리할까?

보험계약은 보험계약자가 보험료를 납입함으로써 그 효력이 시작된다. 즉, 몫돈을 일시납으로 납입하거나 상대적으로 푼돈을 월납으로 납입하거나 똑같은 시점에 보험계약의 효력이 발생하여 보험사고가 나면 똑같은 규모의 보험금을 받게 된다. 그런데, 만약 보험가입 즉시 보험사고가 발생한다면 계약자는 적은 돈인 월납보험료를 내고 동일한 보험금을 받게 되므로 월납이 일시납보다 현저하게 유리하다.

한편, 생명보험계약은 대부분 장기계약(long-term contract)이어서 일시납으로 낼 경우 계약자의 부담이 상당히 크므로 대부분 일시납이 아닌 분할납으로 보험료를 납입하게 된다. 그러나 보험사고가 계약초기가 아니고 후반에 발생한다면 무엇이 계약자에게 유리할까?

사망보험의 경우를 예로 들어 연납과 일시납을 비교해 보자. 일반적으로 보험계약자는 피보험자가 생존하는 동안만 보험료를 납입하고 사망 이후에는 납입하지 않는다. 그리고 계약자는 납입기간 초에 보험료를 선불처럼 납입한다. 따라서 보험료 납입의 현금흐름 형태는 마치 기시급 생명연금과 같아 보인다. 즉, 사망보험 가입자들이 납입기간 동안 납부하는 전체 연납보험료의 현재가치는 연납보험료를 연금연액으로 하는 정기생존연금의 일시납 순보험료와 같은 값이다.

계약자 전체가 연납으로 보험료를 내든, 아니면 일시납으로 내든 그 값이 계약체결시점에는 같아야 차익거래(arbitrage)가 발생하지 않는다. 따라서 다음 식이 유도된다.

- 일시납순보험료 = 전체 연납순보험료의 계리현가
  = 연납순보험료를 연금연액으로 하는 정기생명연금

결국 보험기간 전체를 놓고 볼 때 보험회사가 수령하는 일시납과 연납의 보험수리적 현재가치는 동일하다.

따라서, 개별 계약자 입장에서 보험기간 초기에 보험사고가 발생했을 때 일시납이 불리했다면 보험사고가 후기에 발생하면 유리해야만 한다. 물론 개별 계약자 입장에서도 계약을 체결할 당시에는 두 납입방법 사이에 유·불리는 없다.

한편, 앞에서 살펴본 바와 마찬가지로 지급보험금 현재가치를 모두 합한 것이 일시납 순보험료가 되므로 위 식에서 왼쪽 변의 일시납 순보험료 대신 지급보험금의 합계로 대체하게 되면, 보험회사의 지출항목이 되고 오른쪽 변은 보험회사의 수입항목이 된다. 즉, 위 식은 수입의 현가와 지출의 현가가 같다는 수지상등의 원칙을 표현하게 된다. 그리고 오른쪽 변의 연납순보험료는 결국 다음 식과 같이 "지급보험금의 계리현가 합계"를 "1원을 연금연액으로 하는 정기생명연금"으로 나눈 값임을 쉽게 알 수 있다.

- 연납보험료 $= \dfrac{\text{전체 지급보험금의 계리현가 합계}}{\text{1원을 연금연액으로 하는 정기생명연금}}$

제3장과 제4장에서 다음과 같이 계산해 보았던 3년 만기 정기보험과 3년 만기 정기생명연금을 이용하여 3년 만기 정기보험의 연납 순보험료

를 구해보자.

• 사망시 1억 원을 받는 3년 만기 정기보험의 지급보험금의 계리현가
  : 43,759,825,696원

그렇다면 10만명의 30세 남성 가입자들이 이 정기보험상품을 구입하기 위해서 납입해야 할 연납 순보험료는 얼마일까?

연납보험료의 경우 계약자는 피보험자가 생존하는 동안만 보험료를 납입하고 사망 이후에는 납입하지 않으며, 일반적으로 납입기간 초에 보험료를 납입하므로 보험료 납입형태는 기시급 생명연금과 동일하다. 우리는 제4장에서 100만원을 연금액으로 지급하는 3년 만기 기시급 생명연금의 3개년 동안 지급되는 총 연금액의 현재가치를 293,720백만원으로 계산한 바가 있다. 따라서 100만원이 아닌 1원을 연금액으로 지급한다면 이 생명연금의 현재가치는 293,720원임을 쉽게 알 수 있다.

마찬가지로 매년 P원을 연금액으로 지급한다면 이 현금흐름의 현재가치는 $P \times 293,720$원이 되므로, 연납순보험료를 P라고 할 때 보험기간 동안 납입되는 모든 연납보험료의 현재가치는 $P \times 293,720$원이 된다.

3년 만기 정기보험의 연령별 보험금 현금흐름을 통해 지출의 현재가치를 합산하고, 3년 만기 정기생명연금의 연령별 연금액의 현금흐름을 통해 수입의 현재가치를 합산하는 것을 표로 비교하여 정리하면 다음과 같다.

3년 만기 정기보험의 수입과 지출의 현가

연 령	수입의 현가 (생존자수)×(보험료)×(현가율)	지출의 현가 (사망자수)×(보험금)×(현가율)
30	100,000 × P × 1.00000	
31	99,850 × P × 0.98039	150 × 100,000,000 × 0.98039
32	99,699 × P × 0.96117	151 × 100,000,000 × 0.96117
33		155 × 100,000,000 × 0.94232
	P × 293,720	43,759,825,696

여기서 수지상등의 원칙을 적용하면, 연납순보험료의 현재가치와 보험금의 현재가치가 일치하게 되므로 다음 식이 유도된다.

- $P \times 293,720$원 $= 43,759,825,696$원

따라서, 연금연액 현금흐름의 현재가치를 합산한 293,720원으로 양변을 나누어 이 식을 풀면 연납순보험료 P는 148,985원이 됨을 알 수 있다.

계산기수를 사용한 생명보험의 연납순보험료 계산

n년 만기 정기보험의 연납순보험료를 국제계리기호로 $P^1_{x:\overline{n}|}$로 표기하는데, 수지상등의 원칙을 적용하면 다음 식을 얻을 수 있다.

- $P^1_{x:\overline{n}|} \cdot \ddot{a}_{x:\overline{n}|} = A^1_{x:\overline{n}|}$

여기서 제3장에서 정기보험의 일시납 순보험료를 계산기수로 표현한 것과 제4장에서 연금연액 1원을 지급하는 정기생명연금의 일시납 순보험료를 계산기수로 표현한 다음 식을 고려해보자.

- $A^1_{x:\overline{n}|} = \dfrac{M_x - M_{x+n}}{D_x}$

- $\ddot{a}_{x:\overline{n}|} = \dfrac{N_x - N_{x+n}}{D_x}$

이 두 식을 대입하며 다음과 같이 n년 만기 정기보험의 연납순보험료를 계산기수로 나타낼 수 있다.

- $P^1_{x:\overline{n}|} = \dfrac{A^1_{x:\overline{n}|}}{\ddot{a}_{x:\overline{n}|}}$

    $= \dfrac{M_x - M_{x+n}}{N_x - N_{x+n}}$

같은 방법으로 생존보험과 종신보험 등의 연납순보험료를 표현하면 다음 표와 같이 정리된다. (단, 표기를 간단히 하기 위해서 보험료납입기간과 보험기간이 일치하는 전기납을 가정한다.)

생명보험 종류별 연납 순보험료(전기납)

보험종류	연납 순보험료	수지상등의 원칙	계산기수
종신보험	P_x	$P_x \cdot \ddot{a}_x = A_x$	$\dfrac{M_x}{N_x - N_{x+n}}$
n년 정기보험	$P^1_{x:\overline{n}}$	$P^1_{x:\overline{n}} \cdot \ddot{a}_{x:\overline{n}} = A^1_{x:\overline{n}}$	$\dfrac{M_x - M_{x+n}}{N_x - N_{x+n}}$
n년 생존보험	$P_{x:\overline{n}}^{\ 1}$	$P_{x:\overline{n}}^{\ 1} \cdot \ddot{a}_{x:\overline{n}} = A_{x:\overline{n}}^{\ 1}$	$\dfrac{D_x}{N_x - N_{x+n}}$
n년 양로보험	$P_{x:\overline{n}}$	$P_{x:\overline{n}} \cdot \ddot{a}_{x:\overline{n}} = A_{x:\overline{n}}$	$\dfrac{M_x - M_{x+n} + D_{x+n}}{N_x - N_{x+n}}$

(2) 자연보험료와 평준보험료

그런데, 앞에서 구한 연납보험료는 보험료 납입기간동안 매번 납입하는 보험료를 똑같게 만든 보험료이다. 이를 평준보험료(net level premium)라고 하는데, 보험기간에 따른 위험의 크기를 종합하여 평균적으로 산출하여 전 보험기간 동안 동일한 보험료를 적용했다고 해석할 수 있다.

그러나, 사망보험을 예로 들자면, 일반적으로 어릴수록 사망사고가 발생할 가능성이 낮기 때문에 그 기간 동안 발생하는 보험금의 지출도 적어서 사고보장을 위해서 사용하는 보험료가 크지 않다. 반면에 나이가 들수록 사망할 확률이 커지므로 보험료도 따라서 증가하는 것이 자연스럽다. 이렇게 매번 산출주기 마다 그 해의 리스크 크기에 따라 산출하는 보험료를 자연보험료 또는 위험보험료(risk premium)라고 부른다. 일반적으로 1년 단위로 위험률을 산출하고 있으므로 매년마다의 1년 정기보험의 보험료가 위험보험료가 되는 셈이다.

결국 일시납보험료가 아닌 경우의 분할납 보험료는 평준보험료 또는 자연보험료의 두 가지 산출방식으로 계산된다고 할 수 있다. 그리고, 매번 내는 보험료가 동일한 평준보험료는 실제로 자연보험료를 보험기간 전체에 걸쳐 평준화한 것이라고 생각할 수 있다. 피보험자가 젊을 때에는 상대적으로 평준보험료가 자연보험료보다 크고 나이가 들면 그 반대가 된다.

실질적으로 대다수 보험회사는 자연보험료가 이래저래 번거로워서 보험료 납입, 계약 유지·관리 등을 고려할 때 평준보험료 방식을 채택하고 있다.

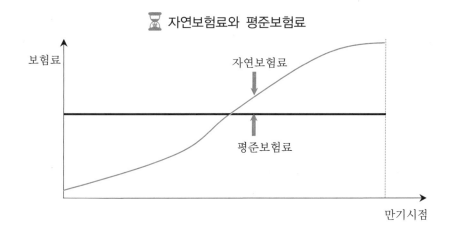

⧗ 자연보험료와 평준보험료

갱신 정기보험(renewable term life)[1]

갱신시점에 보험료가 많이 증가할 때, 대부분의 보험계약자는 보험료 납입을 중단할 것이다. 어떤 보험계약자에게는 피보험자에 대한 보험이 더 이상 필요하지 않을 수 있다. 이런 경우 만일 피보험자가 새로운 보험계약적부심사를 통과할 정도로 충분히 건강하다면, 많은 보험계약자들은 더 싼 가격으로 피보험자에 대한 새로운 보험을 구매할 수 있을 것이다. 그러나 피보험자에 대한 보장을 유지하기 원하는 일부 계약자들의 경우, 피보험자가 새로운 보험계약적부심사에 통과할 정도로 충분히 건강하지 못하다면, 증액된 보험료가 너무 높아 이들 보험계약자들은 보험료를 납입하지 않기로 결정할 수도 있다. 따라서 유지되는 유일한 보험계약은 새로운 보험계약적부심사에 통과할 정도로 충분히 건강하지는 않으나 보험료를 낼 수 있고 그 보험계약을 유지하는 것이 재무적으로 유리하다고 믿는 건강하지 못한 피보험자에 대한 보험계약뿐일 것이다.

예를 들어, 사망보험금 1억원을 보장하면서 5년 단위로 갱신되는 정기보험에 40세 남자가 처음 가입해서 첫 번째 기간인 44세까지는 보험료는 5만원, 두 번째 기간인 49세까지는 6만원, 세 번째 기간인 54세까지는 8만원, 네 번째 기간인 59세까지는 11만원이고, 다섯 번째 기간인 64세까지는 대폭 올라서 20만원이라고 가정하자. 그런데 한 계약자가 59세 시점에 여명이 5년이 되지 않는 치명적인 질병에 걸렸다는 사실을 알게 되었다면 이 보험계약자는 어떻게 행동할 것인가? 합리적인 결정은 당연히 20만원의 보험료를 사망할 때까지 납입하는 것이다.

갱신 옵션은 보험계약자의 권리이다. 보험계약자가 갱신을 원하면 보험회사는 그 보험계약을 반드시 갱신해야 한다. 갱신은 보험계약 적부심사 없이 이루어진다. 즉, 보험계약을 갱신하기 위하여 피보험자가 건강할 필요는 없다.

---

1) 박상래 외 4인(2016), 「보험계리실무의 이해」, 한국보험계리사회: 신조사.

2. 책임준비금

(1) 책임준비금의 의의

상장된 보험회사의 주가가 내리거나 혹은 인수합병이 거론될 때면 책임준비금 적립액의 급격한 증가로 손익이 감소했다거나, 보험회사가 안정적으로 계약자에 대한 책임을 다하기 위해서는 적정 수준의 책임준비금이 적립되어야 한다는 이야기가 언론에 등장하게 된다.

그런데 여기서 책임준비금이란 무엇일까?

책임준비금은 용어 그대로 보험회사가 보험계약에 따른 보험금지급의 책임을 다하기 위해서 준비해야 할 금액이다. 보험계약자는 일반적으로 일정한 보험료를 일정기간 동안 보험회사에 먼저 납입하고, 보험회사

생명보험회사의 재무상태표 예시[2)]

계정과목	금액		계정과목	금액	
자 산	262,230	(100.0)	부 채	235,732	(89.9)
Ⅰ. 운 용 자 산	210,494	(80.3)	Ⅰ. 책 임 준 비 금	173,617	(66.2)
현금과예치금	2,831	(1.1)	보험료적립금	166,045	(63.3)
유가증권	156,415	(59.7)	지급준비금	13	(1.3)
대출채권	46,894	(17.9)	Ⅱ. 계 약 자 지 분 조 정	8,177	(3.1)
부동산	4,352	(1.7)	Ⅲ. 기 타 부 채	6,793	(2.6)
			Ⅳ. 특 별 계 정 부 채	47,143	(18.0)
Ⅱ. 비 운 용 자 산	5,801	(2.2)	자 본	26,498	(10.1)
미상각신계약비	2,755	(1.1)	Ⅰ. 자 본 금	100	(0.1)
			Ⅱ. 자 본 잉 여 금	6	(0.0)
Ⅲ. 특 별 계 정 자 산	36,566	(17.5)	Ⅲ. 이 익 잉 여 금	13,160	(5.0)
변액보험	29,320	(11.2)	Ⅳ. 자 본 조 정	-2,11	(-0.8)
자산 총계	262,230		부채와 자본 총계	262,230	

---

2) 금융감독원의 금융통계정보시스템(http://fisis.fss.or.kr/fss/fsiview/indexw.html)에서 제공하고 있는 2018년 12월말 기준 요약재무상태표에서 추출한 자료이다. 임의의 회사를 선택하여 화폐단위를 달리하여 예시하였으며, ( )안은 전체 중 비중을 %로 나타내었다.

는 보험료를 낸 보험계약자를 위하여 납입기간보다 긴 보험기간 동안 사망보험금, 환급금, 배당금이나 연금 등을 지급해야 할 채무가 있다. 예를 들어 10년납 종신보험의 경우, 10년 이상 계약이 유지되었다면 보험계약자는 보험료를 납입해야 할 계약상 의무를 모두 끝마쳤지만 보험회사는 아직 보험사고가 발생하지 않았으므로 보험기간이 끝나는 시점, 즉 피보험자의 사망시점까지는 보험금을 지급할 채무가 여전히 남아있는 것이다. 책임준비금(Reserve)은 바로 이 부채를 의미하는데, 계약자로부터 매번 받은 보험료 중에서 적립해야 할 금액, 즉 계약자를 대상으로 보험금 지급 채무를 완전히 이행하기 위한 적립금액이다.

한편, 책임준비금 적립 수준은 보험사의 재무 상태를 평가하는데 직접적인 영향을 미친다.

앞의 표를 보면, 생명보험회사의 경우 자산의 10% 정도 규모만 자본에 해당하고 대부분이 부채이고 그 부채중 대부분이 책임준비금으로 구성되어 있음을 볼 수 있다.

또한 재무상태표의 책임준비금의 순증가액(책임준비금 전입액)은 부채의 증가에 해당하여 손익계산서 상의 손실로 인식되는데, 다음 손익계산서 표에서 볼 수 있듯이 그 규모가 상당하여 주식회사인 보험회사의 손익에 큰 영향을 주는 것을 볼 수 있다.

보험회사는 보험기간이 종료되기 전까지는 매 회계년도말 시점에 해당 계약에 대하여 향후 발생될 보험금을 지급하기 위해서 자금을 준비금으로 적립해 놓아야 한다. 이 자금은 보험계약자의 몫이므로 보험회사가 갚아야 할 빚이고, 만약 이 자금의 부족이 발생한다면 보험회사 주주(shareholders)가 그 부족분을 메워야만 한다.

한편, 책임준비금은 단순히 이 부채에 대한 추정치여서 그 추정방법이 다양할 수 있다.

먼저 감독당국이 보험회사로부터 보험계약자와 수익자를 보호하기 위한 목적으로 법을 통하여 책임준비금 적립을 규제할 수 있다. 이러한 책임준비금은 일반적으로 법정책임준비금(statutory reserve)이라고 불리

손익계산서[3]

계정과목	금액
Ⅰ. 보 험 손 익	−1,271
1. 보 험 영 업 수 익	16,341
보험료수익	16,000
2. 보 험 영 업 비 용	17,613
지급보험금	13,478
사업비	2,188
(이연신계약비)	−1,191
신계약비	1,848
신계약비상각비	1,556
Ⅱ. 투 자 손 익	8,476
Ⅲ. 책 임 준 비 금 전 입 액	6,377
Ⅳ. 영 업 이 익	826
Ⅴ. 영 업 외 손 익	1,509
Ⅶ. 법인세차감전순이익	2,335
법 인 세 비 용	537
Ⅷ. 당 기 순 이 익	1,797

는데 그 목적상 상당히 보수적일 수 있고 감독당국에 제출하는 재무제표에는 반드시 이 기준이 적용되어야 한다.

이에 비해 기업회계기준 책임준비금은 여러 회계기간 간에 손익을 적절하게 배분하는 측면에서 측정되고 있으며, 이 부채는 보험회사의 재무상태표에 기록된다. 이 부분에 대해서는 다음 장에서 자세히 설명한다.

그리고, 흔히 책임준비금을 광의적 개념과 협의적 개념으로 나누어 설명하는데, 협의의 책임준비금이란 생명보험상품과 장기손해보험상품의 보험료적립금을 말한다. 보험료적립금은 장래의 사망 또는 만기보험금을 지급하기 위한 계약자 몫의 부채로서 계약자로부터 받은 영업보험

---

3) 금융감독원의 금융통계정보시스템(http://fisis.fss.or.kr/fss/fsiview/indexw.html)에서 제공하고 있는 2018년 1월부터 2018년 12월말까지 기준 요약손익계산서에서 추출한 자료이다. 임의의 회사를 선택하여 화폐단위를 달리하여 예시하였다.

료 중 저축보험료를 적립한 금액이며, 사업비에 관한 것은 일체 고려하지 않고 순보험료와 보험금만으로 계산한다. 보험료적립금은 보험회사 책임준비금의 대부분을 차지하고 있고 아울러 보험회사의 주된 관심사여서 생명보험 수리학의 중점 대상이다.

책임준비금의 산출모델

책임준비금은 나라마다 산정기준이 다르고 그 이용 목적마다 산출방법이 상이하다. 그러나 다음과 같은 일반적인 산출모델 (general reserve model)은 모든 유형의 책임준비금에 적용할 수 있다.

- 책임준비금 = 장래 급부의 계리현가 + 장래 사업비의 계리현가 - 장래 보험료의 계리현가

여기서 급부는 사망보험금 부분(mortality component), 해약환급금 부분(surrender benefit component), 배당 부분(dividend component), 연금 부분(annuity component)과 장해급부 부분(disability component) 등으로 구성된다. 영업보험료 방식의 책임준비금(gross premium reserve)은 보험계약에서 발생하는 모든 미래의 현금을 반영하여 산출되는 책임준비금인데, 이 경우 미래 지급되는 모든 사업비가 고려되고 이에 맞추어 영업보험료가 보험료수익으로 이용된다. 반면에 순보험료식 책임준비금의 경우에는 사업비는 빠지고 보험료는 순보험료가 된다.

(2) 보험료적립금(benefit reserve)의 개념

보험료 산출시 적용한 사망률과 이자율이 실제값과 일치한다면 자연보험료는 매년 보험료의 수입과 보험금의 지출이 같도록 하는 수지상등의 원칙에 의하여 산출되므로 매년 납입되는 자연보험료는 전부 그해의

보험금지급에 쓰게 되어서 남거나 부족한 금액이 생기지 않게 된다. 따라서 보험회사가 부족할 것으로 예측되는 부분을 미리 준비한다든지 남는 부분을 장래의 부족에 대비해서 적립할 필요가 없다.

그러나 평준보험료는 이와 다르다. 앞서 살펴보았듯이 수지상등의 원칙에 의해서 최초 가입시점 기준으로 향후 발생하는 예상 수입보험료의 현재가치와 향후 발생하는 예상 지급보험금의 현재가치가 동일하도록 하여 보험기간 동안 일정한 값으로 결정하는 것이 평준보험료이다. 따라서 보험료 수입측면에서 보험료 납입기간 동안 보험회사는 동일규모로 받게 된다.

하지만 보험금 지급측면에서 보험회사가 보험기간 동안 매년 동일한 보험금을 지출하지는 않는다. 사망보험을 예로 들자면, 계약초기에는 일반적으로 사망률이 낮거나 보험사고 발생확률이 적어서 보험금이 적게 지급되고, 계약후기에는 반대현상이 나타나서 지출금액이 늘어나기 때문이다.

즉, 수지상등의 원칙은 최초 보험계약 체결시점에는 당연히 성립하지만 계약후 일정기간이 지난 시점에서는 성립하지 않는다. 이는 일시납 계약이 체결된 경우만 보아도 쉽게 알 수 있는데, 일정 기간이 지난 시점에서 보험회사는 향후 보험사고에 대해서 보장의무가 있으므로 지출해야 할 예상보험금의 현가는 당연히 0보다 큰 금액이지만, 더 이상 들어올 보험료가 없기 때문에 예상 보험료수입의 현가는 "0"이 됨으로써 수지상등이 깨지고 불균형상태가 되는 것이다. 다시 말하자면, 보험계약 시점에서 보험사업자와 보험계약자간의 미래의 금전적 권리 의무관계는 상등이지만, 계약 이후 시점에는 이러한 수지상등 관계가 유지되지 못한다.

따라서 보험회사는 초기에 적게 사용하고 남는 금액을 써버리지 않고 보험회사 내에 별도로 적립해서 계약후기에 발생하는 사고보험금에 대비해야 한다. 예를 들어, 종신보험의 경우 보험계약을 정상적으로 유지·관리하려면 보험회사는 계약초기의 보험연도에 자연보험료를 초과하여 받은 평준보험료(그림의 빗금친 부분)를 적립하여 후기의 부족한 부분(자연보험료 − 평준순보험료)에 충당하여야 한다.

보험회사는 보험계약자와의 채권·채무관계를 신의성실하게 수행하기 위해서 이렇게 초과된 보험료를 가지고 향후 예상되는 지급보험금과 수입보험료의 차이만큼 최소한 계리적 관점에서 사전적으로 준비하고 있어야 한다. 이렇게 보험회사 내에 별도로 유보한 금액을 보험료적립금이라고 한다. 즉, 보험료적립금이란 보험자가 장래의 보험사고의 발생, 계약의 해지 및 기타 사유로 보험계약자 등에게 지급할 보험금, 해약환급금(cash surrender value) 등에 대비하여 보험계약자로부터 받는 순보험료의 일부를 미리 적립해 놓은 금액이다.

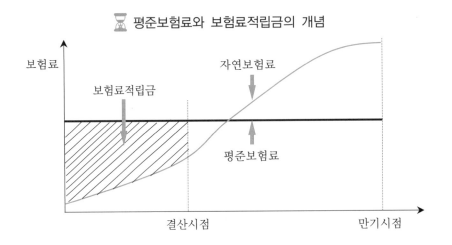

⧗ **평준보험료와 보험료적립금의 개념**

(3) 보험료적립금의 계산방법

보험료적립금을 직접 계산하기 전에 보험회사의 손실(loss)이 무엇인지 살펴보고, 손실의 관점에서 보험료적립금을 계산해보자.

일반적으로 지출이 수입보다 크다면 손실이 발생한 것이다. 회계사들은 특정시점 손익의 관점에서 확정된 손실을 음(−)의 값으로 표현한다. 그러나 보험계리사들은 특정시점을 기준으로 미래 보험회사가 주어야 할 지출의 계리현가에서 미래 수입의 계리현가를 뺀 것을 보험회사의 손실(loss)로 정의하면서, 장래의 추정치에 내재될 수밖에 없는 불확실성에 충실하면서 그 규모를 양(+)의 값으로 취급하는 것에 익숙하다. 즉, 보험회사 관점(insurer's perspective)에서 손실을 다음과 같이 정의한다.

- 손실(L) = 지출할 보험금의 현가 − 수입될 보험료의 현가

보험회사는 결산시점 등 평가시점 마다 이 손실의 기댓값을 측정하여 해당 금액을 따로 적립함으로써 미래에 손실이 발생하더라도 적절하게 대비하게 되는데, 이 손실의 기대값이 바로 보험료적립금이 된다.

만약 보험회사가 1개 상품만을 특정 시점에 여러 명의 보험가입자에게 동시에 판매했다고 가정해보자. 그 특정 가입시점에 보험회사의 손실은 얼마나 될까? 즉, 보험상품 판매와 동시에 보험회사가 인식하는 "미래에 발생할 손실(net future loss)"은 얼마인가? 이 손실의 기댓값이 "0"이 되는 것은 자명한데, 왜냐하면 보험료는 수지상등의 원칙에 따라 산출되었기 때문이다. 즉, 실제 현금흐름이 아예 발생하지 않은 보험수리적으로 이상적인 보험가입시점의 보험료적립금은 "0"이 된다.

그렇다면 계약체결 이후 일정정도 시간이 지난 시점에서 보험회사의 손실은 어떠할까? 손실을 측정하고자 하는 평가시점에 바라본 값은 최초 계약시점과 다를 텐데 이를 그림으로 나타내면 다음과 같다.

일단 평가시점의 손실은 그 정의에 따라 지출할 보험금의 현재가치(미래의 지출(B))에서 수입될 보험료의 현재가치(미래의 수입(D))를 차감한 금액(B−D)이 된다.

계약체결 시점이라면 과거의 지출(A)과 과거의 수입(C)이 아예 존재하지 않겠지만, 아래 그림에서는 전체 계약기간 중 지출을 A+B로 볼 수 있고 전체 계약기간 중 수입을 C+D로 볼 수 있으므로, 수지상등의 원칙에 따라 처음 계약시점에 위 그림의 아래쪽 수입보험료와 위쪽의 지급보험금의 합계가 일치하므로 개념상 다음 식이 성립한다고 볼 수 있다.

- 과거 수입(C) + 미래 수입(D) = 과거 지출(A) + 미래 지출(B)

여기서 과거의 현금흐름과 미래의 현금으로 나누어 정리하면 다음 등식이 성립한다.

- 과거 수입(C) − 과거 지출(A) = 미래 지출(B) − 미래 수입(D)

평가시점을 기준으로 이 식 우변의 미래 지출(B)에서 미래 수입(D)을 차감한 금액이 평가시점에 보험회사의 손실에 해당한다. 그리고 앞서 이야기했듯이 이 손실의 기댓값이 보험료적립금인데, 이렇게 미래의 현금흐름으로 보험료적립금을 산출하는 것을 미래법(prospective method)이라고 한다. 반면에 이 식 좌변처럼 과거 수입된 보험료에서 이미 지급된 보험금을 차감하여 현시점에서 적립해야 할 금액을 계산하는 방법을 과거법(retrospective method)이라고 한다.

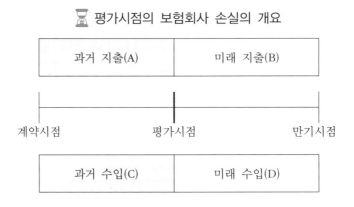

⧖ 평가시점의 보험회사 손실의 개요

그럼, 미래법을 통해 앞에서 살펴보았던 30세 남자가 가입한 3년 만기 정기보험의 매년말 보험료적립금을 산출해보자. 우리는 이미 앞 절에서 이 보험의 연납 순보험료 P는 148,985원임을 계산한 바 있으므로 그 값을 그대로 사용하고, 계산의 편의상 이 연납 순보험료를 산출하기 위해 사용했던 가정들이 변함없이 지속된다고 가정한다.

먼저, 계약체결 시점의 보험료적립금은 앞서 언급했듯이 0원이다.

만 1년이 경과한 시점의 보험료적립금은 아래 표와 같이 피보험자가 31세가 되었을 때를 기준으로한 현금흐름과 현재가치를 통해 구해볼 수 있다.

만 1년이 경과한 시점의 보험료적립금

연령	미래 수입보험료의 현가	미래 지급보험금의 현가
31	$99,850 \times P \times 1.00000$	
32	$99,699 \times P \times 0.98039$	$151 \times 100,000,000 \times 0.98039$
33		$155 \times 100,000,000 \times 0.96117$
	29,483,565,996	29,635,022,210

이 표에서 미래 지급보험금의 현가 29,635,022,210원과 미래 수입보험료의 현가 29,483,565,996원의 차액은 196,456,214원인데, 이 차액을 31세 생존자 수로 나눈 값 1,968원이 만 1년이 경과한 시점의 보유계약 1건당 손실의 기댓값, 즉 보험료적립금이 된다.

마찬가지로 만 2년이 경과한 시점을 기준으로 다음의 표를 만들어 보면 보험료적립금은 2,976원이 됨을 알 수 있다.

만 2년이 경과한 시점의 보험료적립금

연령	장래 순보험료의 현가	미래 지급보험금의 현가
32	$99,699 \times P \times 1.000000$	
33		$155 \times 100,000,000 \times 0.98039$
	14,853,675,786	15,150,372,654

마지막으로 만 3년이 경과한 시점, 즉 보험회사가 보험금지급의무를 종료한 계약 만기시에는 보험회사의 손실이 더 이상 발생하지 않으므로 보험료적립금은 "0"이 된다.

이 간단한 예를 정리해 보면, 보험계약을 체결한 시점에는 수지상등

의 원칙에 따라 손실이 발생하지 않도록 보험료를 산출하므로 보험료적
립금은 "0"이 되지만, 보험기간 중에는 예상 총지출의 보험수리적 현가
와 예상 총수입의 보험수리적 현가가 일치하지 않아서 수지상등의 원칙
이 성립하지 않으므로 차액(보험료적립금)이 발생한다.

한편, 이런 이상적인 예와 달리 실제는 어떠할까? 피보험자의 성별,
연령, 취미, 병력, 기타 체질 등을 상세히 구별할 경우, 즉 리스크를 개별
화할 경우 절대 '대수의 법칙'의 기본이 되는 동질 리스크를 가진 피보험
자를 충분히 많이 모을 수 없다. 다시 말하자면 수지상등의 원칙에 의해
보험료를 책정했다고 하더라도 실제 모집된 피보험자 수가 터무니없이
적은 수라면 수지상등의 원칙은 지켜지기 어렵다. 수입되는 보험료는 최
초 예상했던 기댓값과 같더라도 지급되는 보험금이 많아 질 수 있고 이
경우 보험회사는 적자가 된다. 그리고 궁극적으로는 누군가는 보험금을
받지 못하게 되는 데, 보험회사가 이런 상태에 처했을 때 지급불능 상태
에 있다고 한다. 보험상품 간의 칸막이가 엄격하여 특정 상품에서 난 적
자를 다른 상품에서 거둔 보험료로 메울 수 없다면, 이 상품이 아닌 다
른 나머지 상품에서 흑자가 나더라도 보험회사는 지급불능이 되므로 대
부분의 보험회사가 1년도 버티지 못할 것이다. 그러나 보험업법 등에서
는 일반계정상품과 특별계정 상품 등 최소한의 칸막이만을 규정하고 있
어서 이런 가능성은 상당히 줄어든다.

보험회사의 손실과 보험료적립금

보험금 1원을 지급하는 종신보험을 예로 들어 보험회사의 손실
을 살펴보면, k 시점 기준의 보험회사 손실을 $_kL$ 라고 표기하면, 확
률변수 $_kL$ 는 다음과 같다.

- $_kL = v^{\lceil T(x+k) \rceil} - P_x \times \ddot{a}_{\overline{\lceil T(x+k) \rceil}}$

여기서 T는 피보험자의 장래생존기간이고 $\lceil T(x+k) \rceil$ 은 피보험자가 보험가입시점부터 사망하는 시점 T의 연도말을 뜻하므로, $v^{\lceil T(x+k) \rceil}$ 는 현가율이 된다.

이때 $L > 0$ 이면, 보험회사의 손실이 발생한다는 뜻이다. 종신보험의 피보험자가 일찍 사망할수록, 즉 장래생존기간(T)이 작을수록 손실이 더 커지게 된다.

반면에 $L < 0$ 이면 보험회사의 이익이 발생한다는 것이고, 종신보험의 피보험자가 늦게 사망할수록, 즉 장래생존기간(T)이 클수록 이익이 발생한다는 것이다.

한편, $L = 0$ 이면 모든 계약들의 손실의 평균이 0일 때, 즉 $E(L) = 0$ 일 때 수지상등이 된다. 그리고 이때 보험료가 평준보험료가 된다.

그리고 k 시점(평가시점)의 순보험료식 준비금(benefit reserve)은 손실의 기댓값이므로 $_kV = E[_kL]$ 이고 그 값은 다음과 같다.

- $_kV_x = A_{x+k} - P_x \times \ddot{a}_{x+k}$

⌛ 손실의 기댓값과 보험료적립금 도해

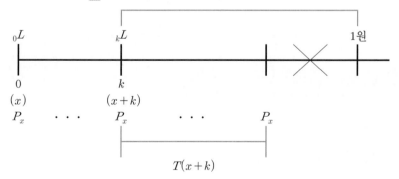

(4) 기타 책임준비금

• 지급준비금

지급준비금이라고 하면 흔히 은행의 지급준비금(bank reserves)을 생각하기 쉽다. 시중은행이 예금고객의 지급요구에 응하기 위해 예금액 중 일부를 미리 유동성 자금으로 한국은행에 예치해 놓는데 이를 지급준비금(reserve)이라고 하기 때문이다.

하지만 보험회사의 지급준비금(Loss Reserves)은 은행의 지급준비금과는 별개의 것으로, 결산일(대차대조표일) 현재 보험사고가 나서 보험금 등이 지급사유가 발생하였음에도 보험금이 지급되지 않아 부채로 적립한 금액을 말한다. 현금주의 회계가 적용된다면 단순히 경비가 지출될 때 인식되므로 지급준비금이 필요하지 않을 수 있으나, 보험회사의 재무상태표와 손익계산서는 발생주의 회계(accrual accounting)에 따라 작성하므로 그 비용으로 야기된 수입이 발생한 시기에 경비로 기록되어 회계상 인식함으로 지급준비금이 발생한다.

한편, 이 지급준비금은 향후 발생할 수 있는 보험사고에 대비하는 것이 아니라 이미 발생한 사고에 대한 준비금이므로 보험료적립금과 다르다.

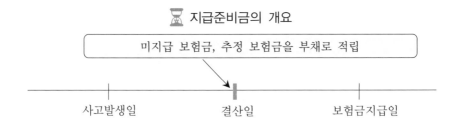

⌛ 지급준비금의 개요

미지급 보험금, 추정 보험금을 부채로 적립

사고발생일　　　　　결산일　　　　　보험금지급일

지급준비금은 세부적으로 실효비금, 미지급보험금, 개별추산액, 미보고 발생손해액과 장래손해조사비 등으로 구성된다.

먼저, 실효비금은 결산일 현재 보험료의 미납입으로 인하여 효력이 상실된 계약중 해지환급금이 지급되지 아니하고 실효일로부터 2년이 경과되지 아니한 계약의 준비금으로 실효일 현재의 해지환급금(미지급 계약자배당금 포함) 및 실효일로부터 결산일까지의 가산이자의 합계액을 적립한 금액을 말한다.

미지급보험금은 만기보험금(미지급 계약자배당금 포함), 미지급분할보험금, 유족연금미지급금(결산일 이후 지급될 유족연금 제외), 소멸건 미지급배당금 등이다.

개별추산액은 소송에 계류 중에 있는 금액 등으로 보험회사에 보고된 보험사고별로 추산하여 산출한 금액이다. 보험사고가 이미 발생하였고 또 사고가 발생한 사실을 보험회사에 보고한 손해에 대한 준비금으로 일부 지급시에는 지급 후 잔여액을 적립한 준비금이다.

미보고 발생손해액(IBNR; Incurred But Not Reported)은 보험회사에 보고되지 않았으나 이미 발생된 사고의 보험금 추정액과 지급청구 재개로 인해 추가지급될 보험금 추정액의 합계액 등으로 구성된다. 보험회사의 경험실적을 고려한 합리적인 통계적 방법을 적용하고, 위험단위분류·보험료적립금 등 그 추정에 영향을 미칠 수 있는 요인을 고려하여 CLM (Chain Ladder Method), 보험금계산방식(Claim Cost Method), 손해율방식(Loss Ratio Method), BFM(Bornhutter-Fergusson Method), 평균지연일수 등 통계적 방법에 의해 산정한다.

장래손해조사비는 보험금 등의 지급사유가 발생한 계약에 대해 향후 손해사정, 소송중재, 보험대위 및 구상권 행사 등에 소요될 것으로 예상되는 비용이다.

은행의 지급준비금(bank reserves)[4]

지급준비제도는 중앙은행이 금융기관으로 하여금 예금 등과 같은 채무의 일정비율에 해당하는 금액을 중앙은행에 예치하도록 하는 제도이다. 은행이 예금 고객의 지급요구에 응하기 위해 미리 준비해 놓은 유동성 자산을 지급준비금이라 하고, 적립대상 채무 대비 지급준비금의 비율을 지급준비율이라 한다. 지급준비금은 은행이 중앙은행에 예치하고 있는 자금(기준예치금)과 보유하고 있는 현금(시재금)으로 구성된다. 지급준비제도(reserve requirement)는 1863년 미국에서 예금자보호를 위해 법정지급준비금을 부과한 것이 효시라 할 수 있다. 그 후 1930년대 들어 지급준비율을 변경하여 본원통화를 조절하면 승수효과를 통해 통화량에 영향을 준다는 사실이 밝혀지면서 지급준비제도는 중앙은행의 유동성 조절수단으로 그 위상이 높아졌다.

• 미경과보험료 적립금

미경과보험료 적립금은 이미 납입한 순보험료중 월납계약이 아닌 2개월납, 3개월납, 6개월납 및 연납계약에서 결산일 현재 보험료 납입중이고 계약소멸사유가 발생하지 않은 유효한 계약으로 보험료 중 경과되지 않은 부분을 적립한 금액을 말한다.

⌛ 미경과보험료 적립금의 개요

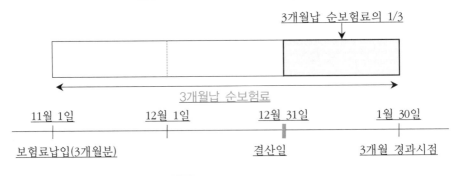

---

4) 한국은행 경제용어(https://www.bok.or.kr/portal/ecEdu/ecWordDicary/search.do?menuNo=200688).

• 배당준비금

　배당준비금은 유배당보험에서 보험료산출시 적용된 예정기초율과 결산시점의 실제경험률과의 차이에 의하여 발생된 이익 중 계약자에게 할당된 금액을 말한다. 생명보험계약은 대부분이 장기계약이므로 불확실한 장래에 대하여 다소 안정적인 예정기초율을 사용하여 보험료를 산출함으로써 실제 필요한 보험료와 차액이 발생할 수 있다. 그리고 동일한 예정기초율을 사용하여 보험사업을 영위하더라도 보험회사마다 각사의 경영노력의 결과에 따라 잉여금의 차이가 발생하게 된다. 따라서, 이러한 보험료의 차액과 잉여금의 발생 부분은 계약자에게 일정한 기준에 따라 정산·환원되어져야 하며 이것을 계약자배당이라 한다.

계약자배당관련 준비금의 구성

계약자배당준비금	― 이자율차 배당준비금 ― 사업비차 배당준비금 ― 위험율차 배당준비금 ― 장기유지특별 배당준비금 ― 재평가특별 배당준비금
계약자이익배당준비금	
배당보험손실보전준비금	

• 보증준비금

　변액보험은 실적배당상품으로 원금보장이 없지만, 최소한의 보장기능을 유지하기 위하여 최저 수준(이미 납입한 보험료)의 사망보험금, 연금액 등을 보증하고 있다. 따라서 최저사망보험금, 최저연금적립금 등을 보증하기 위해 장래 예상손실액 등을 고려하여 별도로 적립하는 금액이 필요하며 이를 보증준비금이라고 한다.

제2절 연금 부담금과 연금채무[5)]

1. 부담금과 연금재정

(1) 확정급여형 연금제도의 연금재정

확정급여형 연금제도(DB, defined benefit pension plan)는 가입자가 수급할 연금, 일시금 등의 급여수준이 사전에 미리 확정되어 있는 연금제도를 말한다. 급여수준, 급여 수급요건, 가입자격, 부담금을 납입하는 주체 등은 연금제도 설립단계에 작성하는 확정급여형(DB) 규약에 포함되며, 약정한 확정급여는 국가나 기업 등 운영주체가 최종적인 책임을 진다. 이런 측면에서 조성된 적립금의 자산운용 및 이와 관련된 투자리스크(investment risk)는 전적으로 운용주체가 부담하게 된다. 운영주체가 기업이면 확정급여형 퇴직연금제도, 국가이면 국민연금제도라고 한다.

확정급여형 연금제도에서는 급여수준이 확정급여산출식으로 정의[6)]되며, 이에 근거하여 발생한 급여를 정기적으로 평가하여 연금채무(AL, accrued liability or actuarial liability)를 산출하게 된다. 이때 기업이나 국가는 연금채무에 해당하는 지급능력(fund solvency)을 확보하기 위해 미리 적립금을 조성하여야 한다. 적립금은 납입한 부담금과 적립금의 자산운용 결과에 의해 형성되는 연기금(F, pension fund assets)이다.

임의의 평가시점(t)에서 연금채무 평가액 대비 연기금 자산 평가액의 비율을 적립비율(FR, funded ratio)이라고 하는데 다음 식과 같다.

---

5) 성주호(2018), 『최신연금수리학』, 법문사의 제3장 참조.
6) 우리나라 퇴직연금제도의 경우 "가입자의 퇴직일을 기준으로 산정한 일시금이 계속 근로기간 1년에 대하여 30일분의 평균임금에 상당하는 금액 이상이 되도록하여야 한다."라고 명시하고 있어서, 확정급여산출식을 다음과 같이 정의하게 된다(단, 평균임금은 총 임금을 해당일수로 나눈 금액, $\theta \geq 0$).

$$\text{퇴직일시금} = (30 + \theta) \times \text{퇴직 직전 3개월 평균임금} \times \text{근속연수}$$

- $FR(t) = \dfrac{F(t)}{AL(t)}$

기업이나 국가가 확정급여형 연금제도의 지급능력을 갖추었는지는 이 적립비율을 통해 검증할 수 있다. 즉, 적립비율이 100%를 초과한다면 연금제도는 초과적립상태(over-funded)가 되고 잉여금(surplus)이 발생한다.

- 초과적립상태: $FR(t) > 1$, $Surplus = F(t) - AL(t) > 0$

한편, 적립비율이 100% 미만이라면 과소적립상태(under-funded)가 되고 연기금은 부족금(deficit)이 발생한다.

- 과소적립상태: $FR(t) < 1$, $Deficit = AL(t) - F(t) > 0$

다음으로 적립비율이 100%인 경우를 완전적립상태(fully-funded)라고 하며 이 경우에는 잉여금도 부족금도 없는 상태가 된다.

- 완전적립상태: $FR(t) = 1$, $Deficit = AL(t) - F(t) = 0$

(2) 연금 부담금의 개념

제1절에서 보험상품의 경우 피보험자의 성별, 연령별, 담보위험 정도에 따라 수지상등의 원칙에 따라 보험료(premium)를 산출하고 보험회사가 준비금(reserve)을 적립하는 것을 살펴보았다. 생명보험의 보험료는 대부분 평준보험료방식으로 산출하므로 보험료납입기간 동안 확정되어 일정하다. 그리고, 보험료 납입과 준비금 적립과정에서 발생하는 계리적 손익(사망률차, 이자율차, 사업비차 손익)이 보험료에 영향을 주지 않고 보험회사의 손익으로 전가되는 것이 일반적이다.[7]

---

7) 계약자유배당보험의 경우 사후적으로 배당금이 지급되므로 보험료에 영향을 준다고 볼 수 있으나, 현재 판매중인 대다수 보험상품은 무배당보험상품이다.

확정급여형 연금제도에서는 기업이나 사용자가 납부하는 금액을 보험료라고 하는 대신에 부담금(contribution)이라고 하는데, 보험료는 사전적으로 산출되어 항상 일정한 반면, 부담금은 이와 달리 사후적으로 조정된다.

물론 부담금도 연금제도에 가입한 사업장의 근로자 집단 전체의 수지상등을 고려하여 사전적으로 산출한다. 그러나, 사용자가 이 부담금을 투입하여 자산을 운용하고 이를 통해 잉여금이 발생하는 경우에는 향후 납입할 부담금과 상계[8]하거나 인출하여 기업의 운용자금으로 사용 가능하다. 그리고, 재정부족시에는 추가로 부담금을 납입하여 재정균형을 유지한다.

이때 사전적으로 산출된 부담금을 표준부담금(NC, normal cost)이라고 하고 사후적으로 조정하는 부담금을 조정부담금(AC, adjusting cost)[9]이라고 한다. 즉, 부담금은 다음 식처럼 표준부담금과 조정부담금의 합으로 구성된다.

- 부담금($contribution$) $= NC + AC$

한편, 보험료 산출의 경우 수지상등의 원칙 등을 통해 보험수리적으로 최적해(optimal solution)를 찾는 과정으로 설명된다면, 연금 부담금 책정은 연금제도 주위 안팎의 경제상황을 고려하여 안정적 재정(finance)을 확보하고 유지하기 위한 최선해(best solution)를 추구하는 과정으로 해석된다.

따라서 연금계리사는 일반적인 보험계리사와 달리 연금재정에 영향을 미치는 자본시장 환경변화, 기업의 재무상태 및 가입 근로자 구성원

---

8) 사용자는 잉여금을 활용하여 일정기간 동안 사용자의 부담금 납입을 면제할 수 있는데, 이 기간을 contribution holidays라고 한다.

9) 근로자퇴직급여보장법은 조정부담금을 확정급여형 연금제도의 설정 전의 과거 근무기간분에 대하여 발생한 급여를 충당하기 위한 부담금인 보충부담금과, 급여 지급능력 확보 여부 등을 확인한 결과 적립금이 최소적립금의 95%에 미치지 못하는 경우 이를 충당하기 위한 부담금인 특별부담금으로 나누고 있다.

변화, 정부의 조세정책 변화 등에 능동적으로 대응하여 향후 재정계획에 대한 명확한 가이드라인을 제시하는 일을 한다.

2. 연금재정 검증과 부담금 산출

(1) 예측단위적립방식(PUC, projected unit credit method)

연금재정방식(pension financing system)이란 향후에 발생할 급여지출에 대비하여 필요한 재원을 합리적으로 조달하는 것이다. 이를 통해 연기금자산을 다양한 방법[10]으로 조성하게 되는데, 여기서는 완전적립방식(full funding methods)에 한정하여 살펴본다. 완전적립방식은 연금채무 대비 100%의 연기금을 마련하기 위한 재원조달계획이다.

완전적립방식으로 재원을 조달하기 위해서는 가입근로자에 대한 연금채무를 먼저 산정한 이후에 표준부담금을 산출해야 한다.[11] 이때 채무를 평가하는 방법도 다양한데, 국제회계기준(IFRS)과 한국채택국제회계기준(K-IFRS) 제1019호(종업원급여)에서 유일하게 인정하는 방법은 예측단위적립방식(PUC)을 적용하여 확정급여채무(DBO, defined benefit obligation)와 표준부담금을 산출하는 방법이다. 여기서 PUC를 적용해 산출하는 DBO를 특별히 예측급여채무(PBO, projected benefit obligation)라고 부른다.

예측단위적립방식은 가입자별로 발생하는 장래 급여를 각 근무기간에 대응하는 "단위(unit)"로 나누어 할당하고, 그 단위에 해당하는 금액을 각 근무기간 중에 표준부담금으로 납입하여 장래 급여지급의 재원을 적립하는 방식이다.

---

10) 크게 부과방식(PAYG, pay as you go financing methods)과 적립방식으로 나뉘고, 적립방식의 경우 완전적립방식과 부분적립방식(partial funding methods)으로 나뉜다.

11) 이 방식을 발생급여적립방식(accrued benefits funding methods)이라고 하는데, 이와 상반되는 예측급여적립방식(prospective benefit funding methods)도 있으나 여기서는 다루지 않는다.

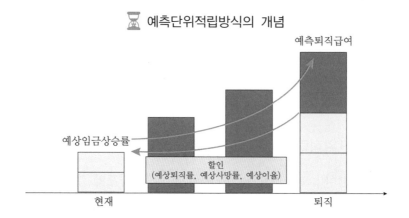

⏳ 예측단위적립방식의 개념

예를 들어 만 45세에 취업하여 20년을 근속하고 65세에 정년퇴직할 계획인 근로자가 있다고 하자. 이 근로자에게 제공되는 퇴직급여는 "퇴직 직전 최근 3개년 평균연봉 ÷ 12 × 근속연수"에 해당하는 연금액을 연시에 지급하는 기시급 종신연금이고, 62세부터 64세까지 평균연봉은 82,714천원, 65세의 종신연금을 $\ddot{a}_{65} = 12$, $_{15}p_{50} = 0.75$, $v^{15} = 0.48$이라고 가정하자.

이 경우 취업후 5년이 경과하여 만 50세가 되었을 때, 당해연도에 할당된 연금채무액과 할당된 표준부담금을 구해보자. 일단, 예측단위적립 방식은 퇴직직전 최근 3개년 평균연봉으로 기준임금을 설정하고 있어 1−unit의 연금액 B_x은 연령별로 아래와 같이 동일하다.

- $B_x = 82{,}714 \times \dfrac{1}{12} \simeq 6{,}893$

또한 연령별로 할당된 1−unit 퇴직급여도 또한 연령별로 아래와 같이 동일하다.

- $B_x \times \ddot{a}_{65} = 6{,}893 \times 12 = 82{,}716$

5년 근속한 시점, 즉 만 50세 도달시점에서 산출하여야 할 연금채무액은 발생한 퇴직급여의 계리현가이므로 다음과 같이 계산된다.

- $AL(5) = B_x \times 5 \times \ddot{a}_{65} \times {}_{15}p_{50} \times v^{15}$

  $= 6,893 \times 5 \times 12 \times 0.75 \times 0.48$

  $\simeq 149,199$

그리고 50세 당해연도에 할당된 표준부담금은 50세 시점에 할당된 1-unit 퇴직급여의 계리현가이므로 다음과 같이 구해진다.

- $NC(5) = B_x \times \ddot{a}_x \times {}_{15}p_{50} \times v^{15}$

  $= 6,893 \times 12 \times 0.75 \times 0.48$

  $\simeq 29,778$

예측단위적립방식의 확정급여채무와 표준부담금 산출 모형

예측단위적립방식의 연금채무는 계산기초가 100% 실현되었다는 전제에서 산출되는 예측채무이다. 평가 결과 실제 발생한 연금채무와 적립방식에 의해 산출된 예측채무와의 차이가 발생하면 연금채무 관련 계리적 손익(actuarial gains and losses) 혹은 과거근무채무(IPSL, initial past service liability) 등이 발생한 것이다.

논의의 편의를 위하여 다음과 같은 계산기초와 제도적 가정을 설정한다.

- 신규 가입근로자의 가입연령은 a세이다.
- 정상퇴직연령(NRA)는 r세이다.
- 매년 l_a명이 신규가입하고 l_r명이 퇴직한다.
- 정상퇴직자가 수령할 종신연금액은 매년 기시에 지급하는 정액연금(level annuity)으로 연금액은 급여발생률(θ) × 근속연수($r-a$) × 퇴직시 임금($S(r-1)$)으로 정의된다.
- 임금상승률은 h로 일정하고 승급지수(salary index)는 고려하지 않는다.

- 정상퇴직시점$(x=r)$의 단위금액 1에 대한 연금계리현가는 $\ddot{a}_r = \dfrac{N_r}{D_r}$ 이다.

평가일 현재 x세에 도달한 가입근로자가 현재까지 취득한 연금액 $PSB(x)$은 정년시점의 예측임금(projected terminal salary)인 $S(r-1)$ 을 기준으로 적립되므로 다음 식이 성립된다.

- $PSB(x) = \theta \times (x-a) \times S(r-1)$

따라서 평가시점 현재에 가입근로자 (x)의 연금채무 $AL(x)$는 $PSB(x)$의 계리현가로 산출된다.

- $AL(x) = APV(PSB(x))$

$$= PSB(x) \times {}_{r-x|}\ddot{a}_x$$

$$= \theta \times \frac{x-a}{1+h} \times \frac{l_r \times (v^*)^r}{l_x \times (v^*)^x} \times \ddot{a}_r \times S(x)$$

여기서 $v^* = \dfrac{1+h}{1+i}$ 이다.

향후 유입될 표준부담금 현금흐름의 계리현가 $APV(NC(x))$는 다음과 같다.

- $APV(NC(x)) = \displaystyle\sum_{z=x}^{r-1} \frac{l_z}{l_x} \times v^{z-x} \times NC(z)$

표준부담금은 수지상등의 원칙에 의해 산출되는데, 평가일 현재 x세에 도달한 가입근로자에 대하여 $APV(PSB(x))$는 향후 유입될 표준부담금 현금흐름의 계리현가 $APV(NC(x))$와 일치해야 한다.

- $APV(PSB(x)) = APV(NC(x))$

이 식을 풀어서 표준부담금을 산출하면 일반해는 다음과 같다.

- $NC(x) = \theta \times S(r-1) \times {}_{r-x|}\ddot{a}_x$

$$= [\frac{\theta}{1+h} \times \frac{l_r \times (v^*)^r}{l_x \times (v^*)^x} \times \ddot{a}_r] \times S(x)$$

결론적으로 예측단위적립방식의 표준부담금 산정원리는, 위 식에서처럼 차기 근무기간인 $(x, x+1)$ 1년 동안에 취득할 것으로 예상되는 연금급여의 순증가분 $\theta \times S(r-1)$의 연금계리현가로 산출된다. 여기서 매 근로기간마다 근로용역에 의해 발생하는 연금액의 순증가분 $\theta \times S(r-1)$을 예측단위 적증액(projected unit credit)이라고 한다.

예측단위적립방식은 개별적립방식이므로 가입근로자(k)별 연금채무의 합산을 당기의 연금채무 총액으로 인식한다. 평가시점 t 현재의 가입근로자 집단을 W_t라고 하면, 전체 연금채무는 다음과 같다.

- $AL(t) = \sum_{W_t} AL_k(t)$

(2) 우리나라 퇴직연금의 재정검증

기업이 퇴직연금기금의 지급능력을 확보를 위해서는 원칙적으로 연금기금의 적립금이 연금채무(AL)보다 커야 한다. 이때 연금채무의 수준은 정부가 정하고 관리하는데, 이를 최소적립금이라고 한다. 우리나라는 2005년 12월 퇴직연금제도 도입시 기존 법정 퇴직금제도를 퇴직연금제도로 연착륙시키기 위해서 퇴직금제도와 퇴직연금제도 중 선택이 가능[12]

---

12) '11.7월 근로자퇴직급여보장법이 전면 개정되면서 신규사업장에 한하여 퇴직연금

하도록 하였다. 다른 한편, 상당수 기업이 재정적 부담으로 제도도입을 외면할 것을 우려하여 정부는 한시적으로 법정 최소적립금 수준을 완화시켜 적용하였다. 즉, 법정 최소적립비율을 60%에서 100%로 점진적으로 상향되게 설정하여 기준책임준비금(Legal Reserve)에 근접하게 하였다.

• 최소적립금 = 기준책임준비금 × 법정 최소적립비율

법정 최소적립비율

적용기간	'05~'13년	'14~'15년	'16~'18년	'19~'20년	'21년 이후
최소적립비율	60%	70%	80%	90%	100%

　매 사업연도 종료 후 6개월 이내 자산과 부채를 평가하여 재정건전성 여부를 판단하고 그 결과를 이해관계자(정부, 사용자, 가입자 등)에게 보고, 공시하는 등 조치를 수행한다. 연기금의 재정상태를 5가지로 분류하여 해당 조치를 살펴보면 다음과 같다.

⌛ **재정검증결과에 따른 조치 구간**

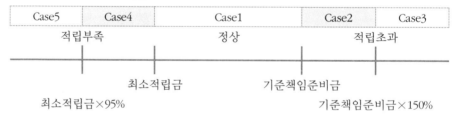

• Case1은 최소적립금 ≤ 연금적립금 ≤ 기준책임준비금인 경우로써 적립수준이 적정하여 별도 조치사항이 없다.
• Case2는 기준책임준비금 < 연금적립금 ≤ 기준책임준비금×150%인 경우로써 적립초과이며 사용자는 잉여금을 향후 납입할 부담금에서 상계(相計)할 수 있다.

제도 도입을 의무화하였다.

- Case3은 기준책임준비금×150% < 연금적립금인 경우로써 150% 범위 안의 금액을 향후 납입 부담금과 상계 가능하고 150%를 초과하는 금액은 사용자에게 반환 가능하다.[13]

- Case4는 최소적립금×95%[14] ≤ 연금적립금 < 최소적립금인 경우로써 적립부족수준으로 근로자대표에게 재정검증결과를 통보해야 한다.

- Case5는 연금적립금 < 최소적립금×95%인 경우로써 적립부족수준으로 사용자는 3년 이내에 적립금 부족을 해소할 수 있도록 부족금액에 대한 자금조달 방안, 납입 계획 등을 포함하여 재정안정화 계획서[15]를 작성하여 근로자대표 및 사업자에게 통지하여야 한다.

---

13) 우리나라와 달리 미국, 영국, 일본은 각각 150%, 105%, 150%의 최재적립상한(full funding limit)을 설정하여 이를 초과하는 잉여금은 납입부담금과 상계처리, 급여수준 상향조정, 사용자에게 반환 등을 통해 상각하도록 규정하여 사용자가 DB제도를 통해 기업의 법인세를 줄이거나 회피하려는 조세피난처(tax heaven)로 악용하는 것을 방지하고 있다.

14) 최소적립금의 산정기초인 기준책임준비금은 미래예상치를 기초로 계산하기 때문에 적립금부족의 판단기준은 연금계리 오차 등을 고려하여 최소적립금의 95% 수준으로 한다(이봉주·류건식(2013), 「퇴직연금규제론」, 경희대학교 출판문화원, p. 52).

15) 적립금 부족을 3년 이내에 균등하게 해소할 수 있도록 사용자가 부족금액에 대한 자금 조달방안, 납입계획 등의 내용을 포함하여 수립하는 계획서(Recovery Funding Plan)이다.

제5장의 요약

□ 연납평준순보험료는 지급 보험금의 계리현가가 연납순보험료를 연금 연액으로 하는 정기생명연금과 같다는 수지상등의 원칙을 적용하여 산출한다.

- 종신보험: $P_x \cdot \ddot{a}_x = A_x$ $\Rightarrow$ $P_x = \dfrac{A_x}{\ddot{a}_x} = \dfrac{M_x}{N_x}$

- 정기보험: $P^1_{x:\overline{n|}} \cdot \ddot{a}_{x:\overline{n|}} = A^1_{x:\overline{n|}}$

$$\Rightarrow \quad P^1_{x:\overline{n|}} = \dfrac{A^1_{x:\overline{n|}}}{\ddot{a}_{x:\overline{n|}}} = \dfrac{M_x - M_{x+n}}{N_x - N_{x+n}}$$

□ 보험금 1원을 지급하는 종신보험과 n년 만기 정기보험의 k 시점(평가 시점)의 보험료적립금(benefit reserve)은 다음과 같다.

- 종신보험: $_kV_x = A_{x+k} - P_x \times \ddot{a}_{x+k}$
- 정기보험: $_kV^1_{x:\overline{n|}} = A^1_{x+k:\overline{n-k|}} - P^1_{x:\overline{n|}} \times \ddot{a}_{x+k:\overline{n-k|}}$

□ 확정급여형 연금제도에서는 국제회계기준(IFRS)이 인정하는 방식에 따라 연금채무는 예측단위적립방식(PUC)을 적용한 예측급여채무(PBO, projected benefit obligation)로 평가한다.

○ 표준부담금(NC, normal cost)은 단위근로용역(예: 1년)에 의해 발생하는 예측단위 적증액(projected unit credit), $\theta \times S(r-1)$의 계리현가를 말한다. 즉,

- $NC(x) = \theta \cdot S(r-1) \times {}_{r-x|}\ddot{a}_x$

제5장의 연습문제

1 다음 빈칸에 알맞은 말을 채워라.

> 지급 보험금의 계리현가가 연납순보험료를 연금연액으로 하는 정기
> 생명연금과 같다는 (   )의 원칙을 적용하여 연납평준순보험료를
> 산출한다.

2 자연보험료와 평준보험료의 차이를 설명하라.

3 보험계약초기에 자연보험료와 평준보험료의 차액을 보험회사 내에 별
도로 유보하여 적립한 것을 무엇이라고 부르는가?

4 40세 피보험자가 사망시 1억원을 받는 종신보험을 구입하려고 하는데,
일시납으로 보험료를 납입할 경우에는 순보험료가 2천만원이라고 한
다. 연납으로 종신 납입할 경우의 연납평준순보험료는 얼마인가? (단,
1원을 연금연액으로 하는 종신연금의 계리현가 $\ddot{a}_{40} = 20$)

5 35세 피보험자가 사망하면 그해 연도말에 사망보험금 5원을 받는 종
신보험에 가입하였다. 보험료 납입기간을 25년으로 할 때 연납순보험
료를 계산기수로 표현하라.

6 35세 피보험자가 사망하면 사망연도말에 보험금 5원을 지급하고, 보험료 납입기간이 25년인 종신보험에 가입한 경우 10년 경과시점의 보험료적립금을 계산기수로 표현하라.

7 다음과 같이 계산기수의 값이 주어졌을 때, 40세 피보험자에게 사망보험금 1억원을 보험연도말에 지급하는 20년 만기 정기보험의 연납평준순보험료를 구하면 얼마인가?

x	M_x	N_x
40	2,000	246,000
60	1,800	46,000

8 확정급여형 연금제도에서 연금채무 평가액 대비 연기금 자산 평가액의 비율을 무엇이라고 하는가?

9 30세에 입사하여 현재 연령이 53세인 김서율씨는 2년 후 퇴직과 동시에 퇴직금으로 10년 기시급 확정연금을 구입하려고 한다. 다음 조건을 가정할 때 연금연액을 구하라.

- 연간 임금인상률: 5%
- 연간 할인율: 3%
- 계속근로 1년 근속에 1개월 평균임금 지급
- 53세 현재 평균임금: 500만원
- $v^{10}(3\%) = 0.7441$

10 (주)동민전자는 1인 기업이며, 근로자퇴직급여보장법에 의한 확정급여형 퇴직연금제도를 운영하고 있다. 다음과 같은 조건의 근로자에 대하여 2019년 1월 1일 기준의 예측단위적립방식에 따른 연금채무와 표준부담금을 구하라.

- 2019년 1월 1일 현재 연령: 만 53세
- 정년퇴직연령: 만 55세
- 과거근속년수: 15년
- 월평균임금: 200만원
- 계속근로 1년 근속에 1개월 평균임금을 퇴직급여로 지급
- 연간 할인율: 4%
- 연간 임금상승률: 5%
- 정년퇴직 이전에 탈퇴하지 않고 정년 연초에 퇴사

11 다음 중 맞는 것에 ○표, 틀린 것에 ×표 하시오.

① 일시납 순보험료는 항상 연납평준 순보험료의 계리현가 합계와 같다.
( )

② 사망보험의 경우 피보험자의 나이가 늘수록 자연보험료가 평준보험료보다 커진다. ( )

③ 과거법과 미래법으로 계산한 보험료적립금은 항상 같다. ( )

④ 상장된 보험회사의 주주는 책임준비금이 부족할지라도 책임을 질 필요가 없다. ( )

⑤ 손익계산서의 책임준비금전입액은 자산의 증가이므로 보험회사의 이익으로 인식된다. ( )

⑥ 지급준비금은 결산일 현재 보험사고가 나서 보험금 등이 지급사유가 발생하였음에도 보험금이 지급되지 않아 부채로 적립한 금액을 말하는데, 현금주의 회계를 적용함에 따라 발생한다. (　　)

⑦ 생명보험의 보험료는 대부분 평준보험료방식으로 산출하므로 보험료 납입기간 동안 확정되어 일정하지만, 확정급여형 연금제도의 부담금은 사후적으로 조정된다. (　　)

⑧ 국제회계기준(IFRS)과 한국채택국제회계기준(K-IFRS) 제1019호(종업원급여)에서 유일하게 인정하는 퇴직연금부채 평가방법은 예측급여채무(PBO)인데 부과방식(PAYG)의 한 종류이다. (　　)

⑨ 예측단위적립방식은 가입자별로 발생하는 장래 급여를 각 근무기간에 대응하는 "단위(unit)"로 나누어 할당하고, 그 단위에 해당하는 금액을 각 근무기간 중에 표준부담금으로 납입하여 장래 급여지급의 재원을 적립하는 방식이다. (　　)

⑩ 연금적립금이 최소적립금의 95%에 미달하는 경우 사용자는 재정안정화계획서를 작성하여 근로자대표 및 사업자에게 통지하여야 한다.

(　　)

제**6**장

지급능력과 IFRS17

제1절 보험회사의 지급능력과 책임준비금

1. 보험회사의 지급능력

(1) 지급여력과 지급능력

경제학의 아버지라고 불리는 아담 스미스(Adam Smith, 1723~1790: 스코틀랜드 경제학자, 철학자)는 "보험거래는 개인의 재산에 상당한 안정성을 제공하고, (사고 발생으로) 개인을 파산하게 만드는 손실을 여러 사람들과 나누어서 사회 전체가 가볍게 부담할 수 있도록 만든다. 그러나 이런 안정성 제공을 위해서 보험회사들이 매우 큰 자본(capital)을 보유해야만 한다"라고 말했다.[1] 특별한 부연설명은 없지만 보험회사는 보험계약자(policyholders)로부터 보험료를 받는 대신에 보험사고 발생시 약속한 보험금을 주어야 하므로 미리 충분한 자원을 가지고 있어야 한다는 것을 강조한 것이고, 이는 아마도 보험회사의 지급능력(solvency)의 중요성에 관한 역사상 최초의 언급일 것이다.

아담 스미스는 1776년 경제학의 교과서인 「국부의 성격과 요인들에 관한 연구(An Inquiry into the Nature and Causes of the Wealth of Nations)」를 저술하였는데, 보통 "국부론"으로 줄여서 불린다.

사진은 영국 Edinburgh에 있는 아담 스미스 동상으로 2008년 7월 4일 건립되었다.

---

1) The trade of insurance gives great security to the fortunes of private people, and

앞장에서 이미 이야기했듯이 책임준비금은 보험계약자의 몫이므로 보험회사가 갚아야 할 빚, 즉 보험회사의 부채(Liability)이다. 만약 이 자금이 부족한 일이 발생한다면 보험회사 주주(shareholders) 몫인 자본(Equity), 즉 주주가 보험사업을 하기 위해 투자한 본전으로 그 부족분을 메워야만 한다. 다시 말하자면 보험회사는 보험계약자에게 지급하기로 약속한 보험금, 환급금 및 배당금 등을 줄 수 있도록 책임준비금 외 추가로 재무적 자원(자본)을 보유해야만 한다. 이렇게 추가 보유하는 순자산을 보험회사의 지급여력(solvency margin)이라고 한다.

⌛ **보험회사의 지급여력 및 지급능력**

(2) 지급여력제도

아직까지 국제적으로 통용되는 지급여력제도는 없는 상태여서 나라별로 자기나라의 보험산업과 회계제도의 특성을 반영하여 다양하게 지급여력제도를 운영하고 있다.[2]

우리나라의 지급여력 규제는 IMF의 구제금융을 받던 1999년부터 EU

---

by dividing among a great many that loss which would ruin an individual, makes it fall light and easy upon the whole society. In order to give this security, however, it is necessary that the insurers should have a very large capital. 「국부론 (The Wealth of Nations)」(1776), Book5 Chapter1 Part3 p. 398.

2) 우리나라는 위험기준 지급여력제도(Korean RBC)이고, EU는 Solvency Ⅱ, 미국은 RBC, 일본은 Solvency Margin이다.

방식의 지급여력제도를 도입하여 운영[3]하였으나, 2009년부터는 현행 위험기준 지급여력제도, 즉 RBC(risk based capital) 제도를 시행하고 있다.

이 RBC제도에 따라 보험회사는 보험계약자에게 보험금 등의 지급의무를 충실히 이행하기 위하여 요구자본(required capital) 이상으로 가용자본(available capital)을 보유하여야만 한다.

여기서 요구자본은 보험회사의 자산운용 및 보유계약 등에 내재되어 있는 리스크 규모를 측정하여 산출되는 필요 자기자본인데, 관련 리스크는 보험위험액, 금리위험액, 시장위험액, 신용위험액 및 운영위험액 등 5가지로 분류된다.

- **보험위험액**: 보험회사의 고유 업무인 보험계약의 인수 및 보험금지급과 관련하여 발생하는 위험으로 보험가격위험액[4]과 준비금위험액[5]
- **금리위험액**: 미래 시장금리 변동 및 자산과 부채의 만기구조 차이로 인해 발생하는 경제적 손실위험
- **시장위험액**: 주가, 금리, 환율 등 시장가격의 변동으로 단기매매목적으로 보유한 자산의 가치가 하락함으로써 보험회사에 손실이 발생할 위험[6]
- **신용위험액**: 채무자의 부도, 거래상대방의 계약불이행 등으로 발생할 수 있는 손실 중 예상손실을 초과하는 위험액

---

3) 지급여력비율을 구성하는 분자는 지급여력금액이고 분모는 지급여력기준금액인데, 지급여력기준금액의 경우 생명보험회사는 위험보험금의 0.3% 내외, 손해보험회사는 보유보험료의 17.8% 수준으로 책정된 보험위험액에 책임준비금의 4%를 자산운용위험액으로 할당하여 계산한다.

4) 보험계약자에게 받은 보험료와 실제 지급된 보험금간의 차이(예정위험률과 실제위험률 차이)로 인한 손실발생 가능성을 의미한다.

5) 지급준비금과 미래의 실제 보험금지급액의 차이로 인한 손실발생 가능성을 의미한다.

6) 변액보험의 경우 변액보증위험액을 시장위험액에 포함하는데, 변액보증위험액이란 변액보험에서 기초자산 가격이 하락하여 최저보증금액에 미달하는 경우에 해당 기초차산가격과 보증금액 간의 차액을 의미한다.

- **운영위험액**: 보험회사의 부적절한 내부 절차, 인력, 시스템상의 문제 및 사고발생으로 인한 손실 가능성

요구자본은 이 5가지 리스크 간의 분산효과를 고려하여 다음과 같은 분산·공분산방식으로 통합하여 산출된다.

- 요구자본 $= \sqrt{\sum_i \sum_j \rho_{i,j} \times Risk_i \times Risk_j} + Risk_{op}$

여기서 $Risk_i$는 리스크별 위험액, $\rho_{i,j}$는 리스크 간 상관관계, $Risk_{op}$은 운영위험액을 말한다.

그리고, 가용자본은 자산운용 및 보유계약 등에서 예상하지 못한 큰 손실이 발생하였을 경우 이를 즉각 보전하여 지급능력을 유지하기 위한 리스크 버퍼(risk buffer)인데, 이는 지급여력금액에 해당한다.

- 가용자본 = 회계상 자본 + 회계상 부채 중 자본성이 없는 항목
  − 회계상 자산 중 자본성이 없는 항목

여기서 회계상 자본은 자본금, 자본잉여금, 이익잉여금 등이고, 회계상 부채 중 자본성이 없는 항목은 후순위채권, 계약자지분 조정 항목 중 금융자산의 미실현평가손익 등이고, 회계상 자산 중 자본성이 없는 항목은 미상각신계약비, 영업권 등 시장성을 측정하기 곤란한 무형자산 등이다.

지급여력의 정도를 나타내는 RBC비율, 즉 위험기준 지급여력비율은 다음 식과 같이 요구자본 대비 가용자본으로 정의된다.

- RBC비율 $= \dfrac{\text{가용자본}}{\text{요구자본}} \times 100$

만약 보험회사가 적정순준의 RBC비율을 유지하지 못할 경우에 감독당국은 다음과 같은 적기시정조치를 취한다.

- RBC비율이 50% 이상 100% 미만: 경영개선권고(자본금의 증액, 사업비 감축 등의 조치를 이행하도록 권고)
- RBC비율이 0% 이상 50% 미만: 경영개선요구(점포 통폐합, 경영진 교체, 보험업 일부 정지 등을 요구)
- RBC비율이 0% 미만: 경영개선명령(주식을 소각하고 임원의 직무를 정지하고 관리인을 선임하며, 계약이전 및 합병 등을 명령)

2. 보험회사의 책임준비금 평가

보험회사의 결산손익을 계산할 때 책임준비금 증가액을 차감요소로 계산하므로 책임준비금을 어떻게 평가하느냐가 결산손익에 직접적인 영향을 미치게 된다. 그리고 결산손익의 변동은 계약자지분, 주주지분 및 계약자배당에도 영향을 미치게 된다. 따라서 책임준비금의 평가는 계약자에 대한 공평한 이익배분과 보험회사의 경영상태를 판단하는 중요한 기준이 된다.

한편, 특정 시점의 RBC비율이 얼마라고 말하기 위해서는 그 시점의 요구자본과 가용자본의 규모가 정확히 얼마인지 알아야 한다. 이를 위해서는 재무상태표의 자산과 부채를 항목별로 평가(valuation)하여 값을 정해야 한다. 따라서 RBC비율이 보험회사의 진정한 지급여력정도를 측정하는 수치가 되기 위해서는 자산과 부채를 동일한 잣대로 평가해야 하는 것은 당연할 것이다.

하지만, 유가증권 등 자산의 경우 시장에서 쉽게 매매되므로 보험회사의 자산은 대체적으로 공정가치 평가가 용이한 반면, 부채인 책임준비금의 경우 공정가치 평가가 어려워서 원가평가하고 있다. 즉, 자산과 부채의 평가방식이 일치하지 않는 것이다.

이런 평가방식 차이는 RBC비율에 영향을 주어서 보험회사의 건전성 착시를 유발한다. 예를 들자면, 보험회사는 자산운용상 장기채권의 비중이 높은데, 금리하락시 공정가치로 평가되는 자산만 가치가 증가하여 장부가에 반영되는 반면 원가평가된 부채의 가치는 고정되는 것이다.

결국 자산과 부채간 평가방식의 불일치가 RBC비율의 금리민감도를 매우 높게 만들게 된다. 이에 따라 계정 재분류로 RBC비율을 인위적으로 상승시키거나 저금리시 RBC부담 없이 이익배당을 할 수 있는 문제 등이 발생한다.

실제로 2012년 이후 저금리 지속 및 장기채권 투자 등으로 채권평가이익이 누적되면서, 평가방식의 불일치 문제가 크게 불거져서 문제가 되었다. 이에 따라 우리나라는 자산뿐만 아니라 부채도 시가평가하여 가용자본을 산출하는 등 시가평가 기반의 국제적 보험자본규제 패러다임을 지향하면서 새로운 지급여력제도인 신지급여력제도(K-ICS)[7] 도입을 준비하고 있다.

---

7) 가용자본의 경우 현행 RBC제도의 경우 별도요건 없이 일부 자본 및 부채항목을 열거하여 가용자본으로 제시하는 상향식 방법이나, 신지급여력제도는 시가평가에 의해 산출된 대차대조표 기반의 순자산(자산-부채)을 기초로 가용자본을 산출하는 하향식 방법을 채택한다.

새로운 국제보험회계기준(IFRS17)

1. IFRS17의 개요

(1) IFRS17 도입 관련 쟁점

"국내 보험회사들이 오는 2022년 시행 예정인 새 국제보험회계기준(IFRS17)을 2년 이상 더 연기해야 한다는 주장을 내놓고 있다.

(중략)

IFRS17의 핵심은 부채 시가평가다. 기존 회계기준인 IFRS4는 자산은 시가, 부채는 원가로 평가했지만 IFRS17은 부채도 시가로 평가한다. 보험사의 부채비율이 오르는 것을 막기 위해서는 추가 자본확충을 해야 한다. 이 때문에 보험회사들은 최근 유상증자, 후순위채·신종자본증권 발행, 보장성보험 비중 확대 등으로 자본확충에 매달리고 있다.

더구나 IFRS17과 함께 새로운 지급여력비율(K-ICS)까지 한꺼번에 도입하면서 자본확충에 초비상이 걸린 상황이다. 킥스를 적용해 시뮬레이션한 결과 삼성생명 등 자본력이 큰 보험회사들도 지급여력비율(RBC) 100%를 맞추기 어려운 상황으로 알려졌다. 보험업계 고위관계자는 "급하게 새로운 제도를 도입하다 자칫하면 의도치 않은 분식회계까지 발생할 가능성이 있다"며 금융당국도 유럽 보험회사 등의 동향을 파악해 보조를 맞출 필요가 있다고 지적했다. 보험업계에 따르면 국내 보험회사들이 IFRS17에 맞춰 확충해야 할 자본은 1조원이 넘는다.(후략)"[8]

이 기사는 2022년 새로운 국제보험회계기준의 실행으로 회계기준이 변경되면 책임준비금을 시가평가해야 하므로 우리나라의 많은 보험회사들은 이로 인하여 부채가 증가하고 막대한 자본확충의 부담이 발생하게

---

8) 출처: 서울경제, "자본확충 벅찬 보험사, IFRS17 추가연기", 2019.04.14. https://www.sedaily.com/NewsView/1VHV35DZH3.

될 것이라고 전망하고 있다.

국제보험회계기준인 IFRS17은 국제회계기준위원회(ISAB)가 보험회계에 대한 통일된 국제적 기준을 제정하여 보험회사 재무제표의 비교가능성과 재무정보의 질적 수준을 개선하고자 마련한 것이다.[9] 우리나라는 2011년부터 모든 상장회사 및 금융회사에 대해 국제회계기준(IFRS)을 전면도입(full adoption)하였고, 국제회계기준서 중 하나인 IFRS4를 개정한 IFRS17도 국제사회와 동조하여 2022년에 시행할 가능성이 높다.

실제로 IFRS17가 도입되면 보험부채의 평가방식이 계약시점 기준(원가)이 아닌 매 결산기의 시장금리 등을 반영한 시가평가로 변경된다.

- **현행(IFRS4)**: 계약시점 기준으로 책임준비금 평가(원가평가)
- **향후(IFRS17)**: 결산시점 기준으로 책임준비금 평가(시가평가)

이 경우 저금리 상황에서 부채를 시가평가할 경우 추가적인 책임준비금 적립이 불가피할 것으로 전망되며, 특히 과거에 판매한 고금리 보험계약 비중이 높은 보험회사나 지급여력 등 재무건전성이 취약한 회사의 경우 상당한 자본확충이 필요할 것으로 판단된다. 이런 이유들 때문에 이 기사에서처럼 다른 국제회계기준서와 달리 IFRS17의 경우 최대한 도입을 늦춰야 한다는 주장이 있는 것이다.

하지만, 우리나라가 IFRS17만 적용을 제외하거나 유예한다면 우리나라는 IFRS 전면 도입국가에서 제외되어 그동안 국제사회에서 쌓아왔던 회계투명성과 신뢰성 하락이 우려되는 상황이므로 IFRS17 도입은 불가피한 측면이 있다.

이렇게 2022년 새로운 국제보험회계기준의 실행은 국내 보험산업의 가장 영향력이 큰 현안 과제가 되었다.

---

9) 2010년과 2013년에 IFRS4 Phase II의 공개초안을 발표하였고, 2016년 IFRS17로 명칭을 변경하고 2017년 5월 기준서를 확정하여 발표했다.

(2) 감독회계와 국제보험회계기준

보험회사는 보험료를 낸 보험계약자를 위하여 장래 보험금을 지급해야 하는 의무가 있다. 따라서 보험회사는 장래의 부채를 가지고 있어야 하며 이 부채는 재무상태표에 기록되어야 한다.

이때 보험회사가 재무제표의 자산과 부채 항목별로 평가(valuation) 방법을 정해야 하는데, 이 방법을 정하는 기준은 그 이용목적에 따라 달라지게 된다.

먼저, 감독당국이 보험계약자 보호 등을 목적으로 하는 경우인데 이때에는 감독회계(SAP; statutory accounting principle)에서 평가방법을 정한다. 반면, 투자자 등 외부정보이용자에게 보험회사에 대한 일반적인 정보를 제공하기 위한 목적인 경우에는 IFRS와 같이 외부감사에 관한 법률에 근거한 일반회계(GAAP; generally accepted accounting principles)에서 정하게 된다. 이 외에도 세무당국이 과세표준을 정하는 목적으로 세무회계(TAP; tax accounting principles)에서 정할 수도 있고 보험회사의 경영진이 주요 내부 의사결정을 위한 목적으로 하는 경우에는 관리회계에서 자율적으로 정할 수 있는데, 여기서는 여러 가지 방법 중에서 일반회계와 감독회계에만 초점을 맞추어 부채의 대부분을 차지하는 책임준비금을 평가하는 측면에서 설명한다.

감독회계기준의 경우를 먼저 살펴보면, 법에서 책임준비금의 세부 산출방법을 일일이 명시하는 형태와 원칙만 제시하는 형태로 나누어 볼 수 있다.

미국의 경우 책임준비금 산출 모델과 가정을 법으로 명시하여 법정책임준비금(statutory reserves)을 산출하도록 하고, 보험회사가 최소한 법정책임준비금 이상의 책임준비금을 보유하도록 규제하고 있다.

반면 캐나다를 포함한 많은 나라들의 경우에는 이와 달리 원칙기준방법(principle based approach)에 따라 책임준비금을 확정하고 있다. 이 방법은 책임준비금을 산출하는데 사용하는 모델과 가정을 법에서 구체적으로 명시하는 것이 아니고, 보험계리사가 단지 법에서 제시된 가이드라인이나 전문적인 기준(standards of practices)에 따라 모델과 가정을 결정하는 방법이다.

일반회계기준은 주주와 금융시장에 보고하기 위한 목적으로 책임준비금을 평가하고 있으므로 법정책임준비금과 다르고, 회계기준위원회가 정한 회계기준과 지침에 따라 결정된다.

우리나라의 경우에는 보험업법 등에서 별도로 규정한 바 없는 회계처리기준은 일반회계인 한국채택국제회계기준을 따르고 있어서 재무제표 표시의 경우 다소 차이가 있으나, 자산, 부채, 자본 및 순이익이 감독회계와 일반회계가 거의 동일하게 운영되고 있다.[10] 따라서 책임준비금의 평가와 관련하여서도 감독회계기준이 일반회계기준에 영향을 받으므로 일반회계기준이 변하면 보험회사가 부채를 달리 평가하여야 하고 그로 인하여 자본확충 등을 해야만 한다.[11]

지금부터는 IFRS17 도입으로 발생한 여러 가지 변화들 중에서 책임준비금의 평가방식이 원가에서 시가로 전환되는 측면을 중심으로 현행 회계제도(IFRS4)와 IFRS17의 주요 내용을 비교하고 도입 영향을 살펴본다.

2. IFRS17의 책임준비금 평가와 영향

(1) 책임준비금의 시가평가

현행 회계제도(IFRS4)는 책임준비금을 평가할 때 최초 보험상품 판매 시점의 예정위험률과 예정이율 등 기초율을 전 보험기간에 동일하게 적용하는 원가평가방식을 사용한다. 따라서 미래현금흐름을 단순히 할인하여 평가하면 되는데, 미래현금흐름은 사업비를 포함하지 않으므로 보험

---

10) 예를 들어 할인율의 경우 감독회계는 상향식만 허용하는 반면, 일반회계는 하향식도 허용하고 있으므로 감독회계나 일반회계가 완전히 동일하다고 할 수는 없다.

11) 지급여력비율 산출과 관련된 회계기준은 건전성회계(PAP; Prudential Accounting Principles)라고 하는데, 일반회계의 범위 내에서 세부기준을 제공하여 일반회계를 보조한다.

금과 수입되는 순보험료만으로 구성된다.

그러나 IFRS17은 결산시점마다 실제위험률과 시장이자율 등 현행 추정율을 재산출하여 책임준비금 계산시 적용하므로 보험부채는 최초 계약시점과 달리 측정된다.[12] 또한 IFRS17은 재무제표 이용자에게 보험부채 요소별로 상세한 정보를 제공하기 위하여 보험부채 구성요소를 IFRS4보다 더욱 세분화하는데 이를 일반모형(GM; general model) 방식이라고 한다.[13] 이 일반모형의 보험부채는 다음과 같은 4단계로 산출된다.

첫 번째는 보험료의 수입과 보험금 지급 등 보험계약의 이행과 관련된 모든 기대 현금흐름(estimated cashflows)을 추정하는 것이다. 기대 현금흐름은 현금유입항목과 현금유출항목으로 구분되는데, 현금유입항목에는 보험료 및 재보험수입 등이 해당하고, 현금유출항목에는 지급보험금 및 해지환급금과 판매수수료, 계약관리비, 인건비 등의 사업비가 포함된다. 현행 IFRS4와 달리 보험계약을 관리하고 유지하는데 직접 귀속시킬 수 있는 사업비를 추가하고 이에 대응하여 보험료 수입은 순보험료가 아닌 영업보험료를 사용한다. 여기서는 시간가치(할인율)가 반영되지 않은 값으로 정의한다.

두 번째는 이 현금흐름을 현재 시점의 할인율(Discount Rate)을 적용하여 현재가치로 평가하는 것인데, 할인율은 결산시점의 시장이자율이며 이는 무위험이자율에 보험계약의 현금흐름의 특성(발생시기 및 유동성 등)을 반영하여야 한다. 즉 할인율을 통하여 시간가치와 금융위험을 반영하게 된다. 이렇게 미래현금흐름과 할인율을 통해서 결산시점에 최선추정

---

12) IFRS17는 계약의 형태에 따라 일반모형(GM; general model), 변동수수료접근법(VFA; Variable Fee Approach) 및 보험료배분접근법(PAA; premium allocation approach) 등 측정모형을 달리 적용하여 보험계약부채를 평가하는데 여기서는 일반모형의 경우만 설명한다.

13) 이는 BBA(building block approach) 방식을 따른다. 단, 보장기간이 1년 이하이거나 할인 효과가 크지 않은 보험계약에 대해서 보험료배분접근법(PAA)으로 추정 가능하다. 보험료배분접근법은 일부의 보험계약집합에 대하여 보험기간동안 보험료를 배분하는 방식으로 BBA방식보다 간소하게 보험부채와 보험수익을 측정하는 방법이다.

부채(BEL; best estimate liability)를 산출한다.

　세 번째는 이렇게 추정된 현금흐름의 불확실성을 보완하기 위한 위험조정(RA; risk adjustment)이다. 이는 보험료 산정에 쓰인 가정이 변동하여 입게 되는 손해와 보험계약의 해약으로 인한 위험과 같은 비금융 위험(non-financial risk)으로 인한 불확실성에 대비해 추가로 적립하는 것을 말한다. 금융위험은 미래현금흐름의 추정값이나 할인율을 통해서 보험부채에 반영되는 반면, 비금융위험에 대한 위험조정은 금융위험보다는 보험계약에서 발생하는 위험과 관련이 있다. 위험조정은 신뢰수준, 자본비용 등 측정방법에 제한은 없으며 신뢰수준을 공시해야 하고, 신뢰수준기법 이외의 기법을 사용하여 위험조정을 산정한다면 동 기법의 결과치에 해당하는 신뢰수준을 공시하여야 한다.

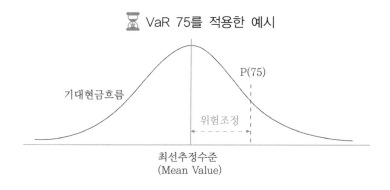

⌛ VaR 75를 적용한 예시

　마지막은 보험계약마진(CSM, contract service margin)인데, 보험계약으로부터 기대되는 장래이익을 계약체결 시점에 즉시 인식하지 않고 부채항목으로 계상한 후 보험계약기간 동안 점진적으로 상각하여 이익으로 인식하는 금액이다.

　다시 말하자면, IFRS4에서 기초율에 포함되어 있던 마진(margin)을 IFRS17은 할인율 이외에 미래이익인 위험조정과 보험계약마진으로 구분하여 반영하는 것이다. 즉, 이 일반모형의 책임준비금 V_{IFRS17}을 식으로 표현하면 다음과 같다.

- $V_{IFRS17} = BEL + RA + CSM$

현행 회계기준과 IFRS17의 비교

구 분	현행(IFRS4)	향후(IFRS17)
평가 방법	○ 원가평가 – 최초 보험계약시 기초율을 　전 보험기간에 동일적용	○ 시가평가 – 결산시점으로 현행추정율을 재산 　출하여 적용
구성 요소	○ 미래현금흐름 　: 보험금–순보험료 ○ 할인율: 예정이율	○ 미래현금흐름 　: 보험금+사업비–영업보험료 ○ 할인율 　: 결산시 시장이율 　= 무위험이자율 + 유동성프리미엄 ○ 위험조정 　: 미래현금흐름 관련 불확실성 ○ 보험계약마진 　: 보험계약의 장래이익 현가 　（⇒ 향후 이익으로 전환）

(2) IFRS17 적용시 영향

IFRS17이 예정대로 2022년 1월 1일에 시행된다면, 비교 목적의 재무제표를 작성해야 하므로 시행일 직전 회계연도 시작일인 2021년 1월 1일을 전환일로 하여 IFRS17을 적용하여야 한다.[14] 따라서 이 시점에 IFRS17 적용으로 인한 책임준비금의 시가평가로 부채가 증가함에 따라 대다수 보험회사의 자본이 급격히 감소할 것으로 예상된다.[15] 특히 고금리 확정금리 계약과, 최저보증이 높은 변액보험 등에서 보험부채 증가가

---

14) 계약체결시점으로 소급해서 IFRS17을 적용하는 것을 완전소급법이라고 하는데 현실적으로 이를 적용하기는 어려우므로 IASB는 완전소급법이 실무적으로 불가능한 경우 전환일 기준 1년 등 일정기간을 소급기간으로 하는 수정소급법 또는 공정가치법을 대안적으로 선택할 수 있도록 한다.

15) 현재는 자산항목으로 계상되는 보험계약대출이 부채의 차감항목으로 전환되기 때문에 일부 보험회사들의 경우 IFRS17을 적용할 때 부채금액이 감소할 수 있다.

확연할 것으로 예상된다. 평가성 준비금인 변액보험 보증준비금의 경우 시장이자율에 민감한 영향을 받게 되므로 보험부채가 이로 인해 대폭 증가할 것으로 전망된다.

그리고, 자산과 부채의 듀레이션 불일치시 자본변동성이 확대될 것이므로 자산과 부채의 듀레이션 일치를 위한 투자자산 포트폴리오 관리가 필요하게 된다.

또한, IFRS17이 도입되면 보험회사 수익이 현행과 같이 보험료 수취 시점에 한 번에 인식되는 것이 아니라 보험기간 전체에 걸쳐 나누어 인식되고 저축성 보험료가 수익 인식 대상에서 제외되어 단기적인 영업확대 정책은 보험회사의 내재가치를 훼손하여 장기적으로 경영체질 개선을 더욱 어렵게 할 것으로 예상된다.

아울러, IFRS17 시행으로 미래가치를 반영한 경영실적이 재무제표에 드러나게 되므로 각 회사별로 구체적인 대응계획을 마련하여 체계적으로 추진하는 것이 시급하다. 더욱이 그간 보험회사가 내부 관리하던 보험상품 원가와 마진에 대한 정보가 상세히 공시[16]되며 잘못 설계된 보험상품으로 인한 미래손실도 당기손실로 즉시 반영하게 되는 등 보험회사의 리스크관리 수준에 따른 손익변동성이 뚜렷이 나타날 전망이다.

이는 비단 투자자뿐 아니라, 보다 안전하고 믿을 만한 보험회사를 찾으려는 보험소비자의 선택에도 영향을 끼칠 것이므로 강화되는 공시요구에 대한 선제적 준비와 대비가 필요할 것이다.

---

16) 매년 보험회사가 예상한 보험금 · 사업비와 실제 보험금 · 사업비 간 차이가 재무제표에 표시된다.

제6장의 요약

□ 보험회사는 보험계약자에게 보험금 등의 지급의무를 충실히 이행하기 위하여 요구자본 이상으로 가용자본을 보유하여야만 하므로 적정수준의 RBC비율(위험기준 지급여력비율)을 유지해야 한다.

$$\bullet \ RBC \text{비율} = \frac{\text{가용자본}}{\text{요구자본}} \times 100$$

□ IFRS17은 책임준비금을 공정가치로 평가하게 되므로, 현재 원가평가로 자산과 부채의 평가방식이 일치하지 않아서 시장금리 변화 등을 제대로 반영하지 못하는 문제 등을 해소하고 보험회계의 투명성과 신뢰성이 향상될 것으로 예상된다.

　○ 그러나 재무건전성이 취약한 보험회사의 경우 상당한 자본확충과 경영체질 개선 등이 요구되고 있다.

□ IFRS17을 적용한 책임준비금 V_{IFRS17}은 다음 식으로 표현된다.

- $V_{IFRS17} = BEL + RA + CSM$
- BEL : 미래현금흐름과 할인율을 통해서 결산시점에 측정한 최선추정부채(best estimate liability)
- RA : 보험료산정에 쓰인 가정이 변동하여 입게 되는 손해와 비금융 위험으로 인한 불확실성에 대비해 적립하는 위험조정(risk adjustment)
- CSM : 보험계약으로부터 기대되는 장래이익을 계약체결시점에 인식하지 않고 부채항목으로 계상한 후 보험계약기간 동안 점진적으로 상각하여 이익으로 인식하는 보험계약마진(contract service margin)

제6장의 연습문제

1 보험회사가 보험계약자에게 지급하기로 약속한 보험금, 환급금 및 배당금 등을 줄 수 있도록 책임준비금 외 추가로 보유해야만 하는 순자산을 무엇이라고 하는가?

2 보험회사가 보유한 리스크를 보험, 금리, 시장, 신용 및 운영위험으로 분류하여 리스크 규모를 산출하고 이에 상응하는 자기자본을 요구하는 제도를 무엇이라고 하는가?

3 보험회사의 위험기준 지급여력비율을 계산하는 식을 써라.

4 보험가격위험과 준비금위험 등 보험회사의 고유 업무인 보험계약의 인수 및 보험금지급과 관련하여 발생하는 위험을 무엇이라고 하는가?

5 다음 빈칸에 알맞은 말을 채워라.

> 보험회사는 자산운용상 장기채권의 비중이 높은데, 금리하락시 공정가치로 평가되는 자산만 가치가 증가하여 장부가에 반영되는 반면 (   )로 평가된 부채의 가치는 고정되어서 RBC비율의 금리민감도가 매우 높아지는 등의 문제가 발생한다.

6 감독회계와 국제보험회계의 차이점은 무엇인지 설명하라.

7 IFRS17은 기대 현금흐름을 추정할 때 현금유입항목에는 보험료가 포함되는데, 이때 보험료는 순보험료인가 아니면 영업보험료인가? 그 이유는 무엇인지 설명하라.

8 IFRS17에서 보험료 산정에 쓰인 가정이 변동하여 입게 되는 손해와 보험계약의 해약으로 인한 위험과 같은 비금융 위험으로 인한 불확실성에 대비해 추가로 책임준비금에 가산하여 적립하는 것을 무엇이라고 하는가?

9 다음 빈칸에 알맞은 말을 채워라.

> ( )은 보험계약으로부터 기대되는 장래이익을 계약체결 시점에 즉시 인식하지 않고 부채항목으로 계상한 후 보험계약기간 동안 점진적으로 상각하여 이익으로 인식하는 금액이다.

10 IFRS17 적용시 생명보험회사의 변액보험에서 부채가 증가하게 되는 이유에 대하여 설명하라.

11 다음 중 맞는 것에 ○표, 틀린 것에 ×표 하시오.

① 보험회사의 지급여력은 책임준비금 외에 추가로 보유하는 순자산이다.
( )

② 현행 우리나라 회계제도는 자산과 부채를 모두 시가평가한다. ( )

③ 현행 우리나라 RBC제도의 관련 리스크는 보험위험액, 금리위험액 및 시장위험액의 3가지로 분류된다. ( )

④ 자산과 부채의 평가방식 불일치와 RBC비율의 금리민감도는 상관없다.
( )

⑤ 감독회계와 일반회계의 준비금 평가방법은 항상 같다. ( )

⑥ IFRS17에서 현금흐름 추정시 현금유출항목에는 지급보험금 및 해지환급금은 포함하지만 판매수수료, 계약관리비, 인건비 등의 사업비는 제외한다. ( )

⑦ IFRS17에서 할인율은 무위험이자율이다. ( )

⑧ 위험조정은 보험계약기간 동안 점진적으로 상각하여 이익으로 인식한다. ( )

⑨ 현행 회계제도에서 기초율에 포함되어 있는 마진을 IFRS17에서는 할인율 이외에 위험조정과 보험계약마진으로 구분하여 반영한다. ( )

⑩ IFRS17은 준비금을 시가평가하므로 최초 보험계약시 기초율을 전 보험기간동안 동일하게 적용한다. ( )

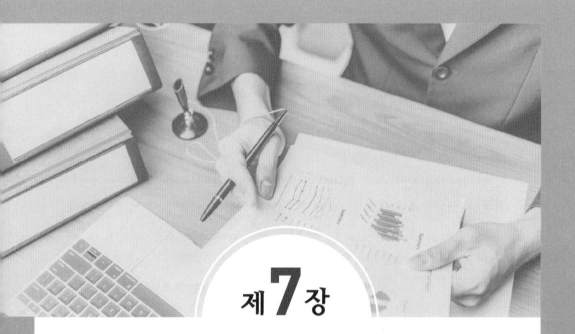

제**7**장

기타 보험계리 이슈

1. 해약환급금과 사업비

(1) 해약환급금

보험계약을 만기까지 유지하지 않고 중간에 해약하면 손해라고 한다. 저축성 보험상품이라고 할지라도 중간에 해약하는 경우 손해가 발생한다. 특히 가입 후 1년 이내에 해약하면 한푼도 못 돌려받는 경우도 있다.

왜 해약하는 계약자에게 이런 패널티를 주는 걸까?

보험상품을 판매하는 것과 은행예금 등 기타 금융상품을 판매하는 것과의 차이를 살펴보면 이 궁금증의 실마리가 풀린다. 즉, 은행원은 창구에 가만히 앉아만 있어도 소비자가 찾아와서 은행의 예·적금상품을 구매한다. 그러나, 보험상품은 영업사원과 보험설계사들이 소비자를 찾아 다니면서 판매를 권유해야만 판매가 된다.

만약 보험회사가 은행처럼 찾아오는 소비자에게만 보험상품을 판매한다면 어떻게 될까? 결국 당장 보험을 가입하여 보험료는 조금 내고 보험금은 크게 받아가고 싶어 하는 사람들만 찾아오는 역선택(adverse selection)의 문제가 발생할 것이다. 따라서 보험회사는 어렵더라도 우량 가입자들을 설득하여 보험에 가입시켜야 하는데, 이렇게 영업이 까다롭기에 영업사원이나 보험설계사가 받는 대가가 은행상품보다 크다.

보험회사는 이 대가를 지급하기 위해서 앞에서 설명한 순보험료 이외에 신계약비(acquisition cost)를 계약자로부터 더 받게 된다. 다시 말하자면, 보험회사는 계약자로부터 보험료 납입기간 동안 고르게 보험료를 받기 때문에 신계약비도 그 기간 동안 균등하게 받게 되어 수당을 주기 위한 재원도 천천히 확보될 수밖에 없다.

그런데, 보험회사는 보험상품을 판매하고 나서 곧장 영업사원이나 보험설계사에게 모집수당 등을 지급하려고 하므로 보험기간이 아무리 길더라도 계약초기에 현금을 지출해야만 한다. 즉, 보험회사 입장에서 수당을 주기 위한 재원은 긴 기간 동안 확보해야 하지만 계약초기에 수당을 지급해야 하는 불일치가 불가피한 셈이다. 물론 보험계약이 만기까지 유지된다면 보험회사는 모든 보험료를 다 받게 되므로 수당을 미리 집행 했더라도 그 재원은 모두 충당할 수 있어서 문제될 것은 없다.

그런데, 문제는 계약이 만기까지 유지되지 못하고 중간에 해약이 되거나 실효될 때 발생한다. 보험기간 중에 보험계약자는 언제든지 해약을 신청할 수 있고, 이 경우 보험회사는 보험계약자에게 해약환급금을 지급해야만 한다. 보험회사는 수당은 지출해 버렸는데, 신계약비를 확보하기도 전에 계약이 종료되어버렸으므로 못 받은 신계약비를 계약자로부터 회수해야 하는 것이다. 이렇게 회수하는 금액을 해약공제액이라고 한다. 계약자가 보험계약을 중도에 해지하면 자기 몫의 보험료적립금에서 해약공제액을 뺀 나머지 금액을 해약환급금으로 받게 되므로 해약 시 받게 되는 금액은 작게 되고 손해가 발생하는 것이다.

해약공제의 이유는 해약에 의한 역선택, 보험회사가 계획된 장기투자를 못하므로써 발생하는 불이익, 예정이익의 상실, 대수의 법칙이 무너짐으로써 발생하는 위험의 증가 등 여러 가지가 있을 수 있겠지만, 가장 큰 이유는 이런 신계약비 지출분의 회수이다.

해약환급금과 미상각신계약비

계약자가 해약을 하거나 일정기간이 경과하고도 보험료를 납입하지 않아 해지된 경우, 보험계약자가 받게 되는 해약환급금은 계약자 몫으로 적립해 놓은 책임준비금 전부가 아니다. 해약환급금은 책임준비금에서 해약공제액을 차감한 후의 금액이다. 해약환급금에 해당하는 금액은 해약환급금식 책임준비금인데, 해약공제액을 미상각신계약비로 처리하는 준비금이다. 계약 초기에 발생하는 신계약비를 보험료 납입기간에 걸쳐 균등배분하여 준비금을 평가하는 시점에 미경과된 신계약비를 순보험료식 준비금에서 공제하여 산출한다. 단, 보험료납입기간이 7년 이상인 경우에는 7년 동안 균등배분한다. 평가시점 t에서 순보험료식 준비금을 $_tV$, 신계약비를 α, 납입기간을 m이라고 하면 해약환급금식 책임준비금 $_tW$는 다음과 같다.

- $_tW = {_tV} - \dfrac{\min(m,7)-t}{\min(m,7)} \times \alpha$

이 식에서도 알 수 있듯이 평가시점이 $\min(m,7)$ 이후일 때는 순보험료식 준비금과 해약환급금식 준비금이 일치하게 된다. 즉, $\min(m,7)$년 이후에 해약할 경우 해약환급금은 해약공제 없이 순보험료식 책임준비금 전액이 된다.

(2) 이연신계약비

보험회사는 보험계약을 체결하고 관리하며 보험회사의 이윤을 추구하고 운영하는 데 많은 비용을 쓴다. 이때 사용하는 비용, 즉 사업비(expense)는 크게 계약체결비용과 계약관리비용으로 나뉜다.

먼저, 계약체결비용(acquisition cost)은 계약을 체결할 때 발생하는 비용으로 흔히 신계약비라고 불린다(앞의 해약환급금식 책임준비금에서 보았듯이 α로 표기한다). 주로 보험설계사, 보험대리점 등 모집인으로 하여금 계약인수를 촉진할 수 있게 지급하는 모집수당이 이에 해당된다. 그리고 계약을 인수하는 과정에서 약관 발행과 계약심사, 청약서 발급 등에 필요한 사무비용도 계약체결비용에 속한다.

한편, 계약관리비용(maintenance cost)은 유지비나 수금비로 불리는 비용인데, 인수한 계약을 유지하는데 필요한 회사의 운영비, 임직원 급여, 사무실 등의 운영경비이다.

앞서 이야기했듯이 계약체결비용, 즉 신계약비는 실제 현금으로 지출하는 시점과 보험회사가 재무적으로 인식하는 시점이 서로 다르다. 보험설계사 모집수당 등은 보험계약이 체결된 첫해에 대부분 지출되나, 예정

신계약비는 보험료에 비례하여 상대적으로 소액이 수입된다.

현금주의(cash basis)를 따른다면 계약초기에 지출(실제신계약비)이 수입(예정신계약비)을 초과하므로 보험회사는 큰 손실을 인식해야만 한다. 하지만, 신계약비는 발생주의(accrual basis)에 따라 "이미 지급된 비용으로 장래의 기간에 영향을 주는 특정한 비용(미래 비용의 현가)"으로 인식하고 있다. 따라서 계약초기에 지출되는 실제신계약비는 향후 수익을 얻기 위하여 미리 지출된 것으로 보고 실제신계약비의 사용시점과 비용인식시점 차이에서 발생된 자산으로 인식하여 미상각신계약비(DAC, deferred acquisition cost)라는 이연자산으로 계상한다. 그리고 향후 수익과 비례하여 보험계약 기간 동안 매년 일정액씩 비용으로 상각한다.

보험회사의 재무제표를 보면 재무상태표에 이연자산으로 미상각신계약비가 계상되고, 발생된 실제신계약비 중에서 새로 이연자산으로 전입되는 이연신계약비(New DAC)는 사업비에서 차감되는 형태로 손익계산서에 표시되고, 이연자산인 미상각신계약비에서 상각되는 신계약비상각비(Amortized DAC)가 손익계산서의 비용으로 계상되어 있음을 볼 수 있다. 그리고, 이들 사이에는 이론적으로 다음과 같은 관계식이 성립한다.

- $DAC_{t+1} = DAC_t + NewDAC - AmortizedDAC$

재무상태표(B/S)		손익계산서(P/L)의 비용
자 산	부 채	사업비
미상각신계약비	보험료적립금	**(이연신계약비)** 신계약비 유지비
	자 본	**신계약비상각비**

2. 보험상품 규제

(1) 보험가격 규제

미국 조지아주립대학교의 Skipper 교수는 보험규제의 가장 근본적인 이유(rationale)로 신뢰할만한 보험회사가 합리적인 보험가격의 보험상품을 공급하게 하여 소비자를 보호하는 것이라고 말한다.[1] 즉, 보험상품은 가격산정이 복잡하고 기술적이므로 보험요율의 적정성 및 보험계약자 간 형평성이 감독당국의 심사대상이 될 수밖에 없어서 보험규제 중 보험가격 규제가 가장 중요한 규제가 되는 것이다.

그러나, 보험가격에 대한 직접적인 규제는 모든 보험회사들이 정부의 승인을 받은 동일한 보험요율만 일률적으로 사용하게 하는 결과를 초래하여 오히려 보험소비자의 상품선택권을 줄이고 보험회사가 경영혁신을 소홀하게 하는 원인이 된다. 즉, 보험가격을 결정함에 있어 규제가 적으면 적을수록 보험회사는 보험시장에서 자유경쟁으로 적정한 보험가격을 제공하고 경쟁력 확보를 위해 보유위험의 종류 및 경영상황 등에 따라 다양하고 특화된 상품을 개발한다. 또한 획일적인 보험가격 체계에서 벗어남으로써 상품가격 및 서비스 측면에서 경쟁력을 확보하기 위하여 보험가격의 인하와 다양한 상품의 개발을 통해 새로운 수요를 창출하고자 노력할 것이다. 이로 인해 보험소비자는 보다 저렴한 보험료로 보험상품을 구입할 수 있게 되고 보험회사는 상품정책에 대한 자율성을 바탕으로 경영 효율화를 이루게 된다. 그러므로 다른 보험규제와 마찬가지로 보험가격에 대한 규제도 시장의 자율성을 확대하는 방향, 즉 보험가격 자유화를 향하게 된다.

우리나라의 경우 보험산업 개방화 정책과 금융산업개편 및 금리자유화 등을 추진하면서, 1993년 보험가격 자유화 방안이 본격적으로 논의되

---

1) Harold D. Skipper, Jr.(2000), "Insurance Regulation in the Public Interest: The Path Towards Solvent, Competitive Markets", *The Geneva Papers on Risk and Insurance – Issues and Practice*, 25(4).

어 발표되었다. 그리고 1996년 OECD 가입 이후 OECD의 권고안에 따라 보험요율산출기관(보험개발원)이 보험료를 동일하게 산출하여 제시하는 것도 가격카르텔로 간주하게 되었고, 1997년 외환위기 이후 IMF와의 합의사항 이행을 위해 가격자유화 등 금융개혁에 박차를 가하였다.[2] 그 결과 2000년부터 생명보험 및 장기손해보험의 사업비율과 이자율 자유화를 끝으로 보험가격의 모든 부문이 자유화되었고, 보험회사는 위험률과 사망률, 사업비율을 법에서 정하고 있는 상품심사 기준에 따라 자유롭게 정하여 보험상품을 개발할 수 있게 되었다.[3]

우리나라의 보험가격 자유화 현황[4]

구 분 (시행 연도)		1단계 (1994년)	2단계 (1995년)	3단계 (1997년)	4단계 (1998년)	완료 (2000년)
보험료	위험율			자유화		
	이자율				범위율도입	자유화
	사업비율					자유화
	(신계약비)					자유화
	(유지비)	자유화				
	(수금비)	1981 자유화				
계약자 배당	위험율차배당		자유화			
	이자율차배당			자유화		
	사업비차배당					2001 자유화

---

2) 우리나라는 1996년 OECD가입과 1997년 외환위기를 계기로 상업적 주재형태의 개방은 대부분 완료되었고, 이 밖에 투자자문, 생명보험, 수출입적하보험, 항공보험, 여행보험, 선박보험, 재보험 등 일부 금융서비스에 비대면 방식의 국경 간 공급과 1999년에는 증권업과 해상보험업에 대한 해외 소비도 허용되는 등 거의 선진국 수준으로 금융서비스의 대외개방이 이루어졌다(강병호·김대식·박경서(2015), 「금융기관론」, 박영사, p. 30).

3) 김호균(2019), "보험상품과 규제", 「월간 손해보험」, 제608호.

4) 이 표는 생명보험과 장기손해보험의 현황이고, 일반손해보험의 경우 1994년 종목별 범위요율제, 1995년 종목별 자유요율제, 2000년 부가보험료 자유화를 실시하였고, 자동차보험의 경우 1994년 요율요소별 범위요율제, 1998년 기본보험료 자유요율제, 2000년 부가보험료 자유화, 2001년 개인용 및 업무용 자동차의 순보험료 자

(2) 보험상품 심사제도의 변화

보험계리사가 새로운 보험상품을 만드는 작업은 기초서류에 그 보장내용과 보험가격 등의 내용을 담아서 감독당국에 심사[5]를 받는 것으로 끝난다. 따라서 보험가격 자유화가 이루어지고 정착되어 가면서 감독당국의 보험상품 심사제도도 각 보험회사의 보험계리사에게 자율성을 늘려주는 방향으로 변화한다.

보험가격 자유화 이전에는 보험에 대한 수요도 적어서 보험상품의 종류가 다양하지 못했고 극히 적은 수의 신상품만 개발되었다. 이 시기에 보험계리사들은 신상품 인가뿐만 아니라 기존상품의 사소한 변경까지도 일일이 판매전에 정부(재무부)로부터 인가를 받아야 했다.[6]

2000년 보험가격 자유화가 실시되면서 상품개발 및 운영의 자율성이 확대되어 '판매전 신고(file and use)상품' 및 '판매후 보고(use and file)상품'이 축소되고, '보고불요(no file)상품'의 확대로 상품개발 및 운영의 자율성이 확대된다. 그러나 여전히 감독당국은 무분별한 보험상품 개발로 발생하는 불완전 판매를 사전예방하고자 보험계약자에게 불리한 조항을 포함했는지 여부 등을 판매전에 미리 살펴보고 인가하고자 하였기에 가격자유화의 취지가 침해되고 있다는 비판이 있었다.

따라서 2003년에 판매전 신고상품의 범위를 대폭 축소하여 인가제도를 신고제도로 변경하면서 상품개발의 자율성 침해 우려를 줄이고 신상품개발에 대한 규제를 완화하였다.

유화를 실시하였다.

5) 보험상품에 대한 심사는 인가, 허가, 신고, 보고로 구분될 수 있는데, 인가(認可)는 다른 법률관계에 당사자의 법률행위를 보충하여 그 법률행위의 효과를 완성시키는 행정행위를 말하며 인가신청 후 감독당국의 인가가 있으면 그때부터 법률행위가 효력을 갖게 된다. 허가(許可)는 일반적 금지행위를 해제하여 특정행위를 적법하게 할 수 있게 하는 행정처분을 말한다. 신고는 일정한 법률사실 또는 법률관계의 존부 또는 어떤 행위에 대하여 감독당국에 통고하는 것을 말하며 원칙적으로 감독당국에 대하여 일정한 사항을 통지함으로써 의무가 끝난다. 보고는 신고와 동일한 법적 성격을 가지나 절차상 행위발생 이전에는 신고, 행위발생 이후에는 보고로 구분된다.

6) 한국보험계리사회, 「한국보험계리사회 50년사」, p. 38 참조.

이에 더하여 2011년에는 '판매전 신고상품을 원칙으로 하고 판매후 보고상품은 예외적으로 심사'하는 positive 방식, 즉 사전 감독원칙을 완전히 폐지하였다. 대신 자율상품(no file)원칙을 세우고 신고기준에 해당하는 경우에만 사전 신고하는 negative 방식, 즉 사후 감독원칙으로 변경하였다. 따라서, 일정한 기준에 해당하는 기초서류의 작성 또는 변경의 경우에만 감독당국에 신고하고 그 외에는 보험회사가 자유롭게 기초서류를 작성 또는 변경할 수 있게 규제가 완화되었다.

그러나 보험가격 자유화와 감독당국의 이러한 상품심사 제도의 변화에도 불구하고 시장에서는 보험상품 가격에 대한 비공식적 규제가 여전히 만연하다는 비판이 있었다. 가령 감독당국이 업계와의 회의에서 보험가격에 대하여 서면형태가 아닌 말로써 이야기한 것일지라도, 보험회사들은 나중에 검사 등을 통한 불이익을 받을 수 있으니 지키는 것이 당연하다고 여기고 있었다. 또한 표준이율 조정에 따른 보험요율 조정과 관련하여 모집종사자들이 보험료가 과도하게 인상될 것이라고 하면서 영업을 하는 것(소위 '절판영업')에 대하여 금융감독원이 "인상요인이 없는 사항(사업비 등)까지 인상되지 않도록 유념하여 주시기 바랍니다."라는 협조공문을 보낸 행위마저도 감독당국이 가격에 개입한다는 인상을 주었다고 비판하는 시각도 있었다.[7] 이제는 보험가격에 대한 명시화되지 않은 감독당국의 재량(discretion)이 더 이상 보험가격 자유화와 병행하기 어려운 분위기가 형성된 것이다.

결국 2016년에는 모범규준이나 창구지도를 없애고 명시적인 행정지도[8] 마저도 최소한으로 줄이면서 상품심사체계를 완전히 사후보고제로 전환하였다. 모든 상품은 사후보고를 원칙으로 하고 의무보험 및 새로운 위험보장을 최초로 개발하는 상품 등만 예외적으로 사전신고 적용대상

---

7) 성대규(2015), 「그림자금융규제」, 성문기획, p. 215 참조.
8) "행정지도"란 행정기관이 그 소관 사무의 범위에서 일정한 행정목적을 실현하기 위하여 특정인에게 일정한 행위를 하거나 하지 아니하도록 지도, 권고, 조언 등을 하는 행정작용을 말한다(행정절차법 제2조 제3호).

상품[9]으로 하여 지나치게 광범위하고 애매모호하게 규정된 상품신고 심사기준의 인가제적 운영요소를 정비하였다. 이렇게 법규상 사전신고 심사기준을 명확히 규정함으로써 신고수리 여부에 대한 감독당국의 재량적 판단요소가 최소화된 것이다.

또한 소비자보호를 위해 규제가 필요한 사항은 약관준수 사항 등으로 규정과 시행세칙에 규범화하고, 사실상 사문화된 상품규제나 다양한 상품개발에 걸림돌로 작용하는 상품 신고기준 등의 과도한 사전적 설계기준을 삭제하였다. 대신, 법규를 위배하여 소비자에게 일방적으로 불리한 상품을 개발·판매하는 행위에 대한 감독을 강화하기 위해 애매모호한 보험상품 설계기준을 구체화하여 과징금 부과처분의 실효성을 제고하였다.

⌛ **우리나라 보험상품 심사제도 변화흐름**

인가제도	신고제도		
2000년 보험가격 자유화	2003년 신고제도 시행	2011년 사후감독 원칙	2016년 사전신고 완화

현재의 보험상품 심사제도는 보험회사의 자율권을 최대한 보장하고 있다. 즉, 보험회사는 기초서류 작성 및 변경원칙[10]만 충족한다면 자율적으로 보험상품을 개발하고 판매할 수 있고, 보험업법상 신고기준에 해당하는 상품일지라도 판매하기 30일전 감독당국에 신고한 후에 변경권고가 없다면 상품판매가 가능하게 되었다.

물론 감독당국은 이렇게 보험상품 개발의 자율성을 최대한 보장하는 대신에, 이미 출시되어 판매가 개시된 상품들에 대해서는 부실판매 가능

---

9) 보험업법 시행령 제71조 제1항 및 [별표 6]에서 새로운 위험 구분단위 등을 적용한 상품 등을 열거하였다.
10) 보험업법 제128조의3 및 시행령 제71조의5에서 보험회사가 기초서류 작성·변경 시 지켜야 할 원칙 규정.

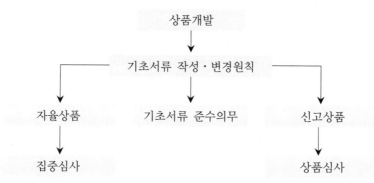

⧗ 우리나라의 보험상품 심사절차

성이 높은 상품을 선정하여 집중적으로 심사하고 법규를 위반한 경우 엄격하게 변경권고하는 보험상품 사후감리[11] 시스템을 갖추었다.

---

11) 상품개발 이후 단계에서 소비자 피해 유발 요소나 보험회사의 건전경영을 침해할 요인에 대해 점검하여 조기에 시정 조치하는 사후적인 감독 행위.

제7장의 요약

□ 보험기간 중에 보험계약자는 언제든지 해약할 수 있고, 이 경우 보험회사는 보험계약자에게 해약환급금을 지급해야만 한다.

○ 해약환급금은 보험료적립금에서 해약공제액을 뺀 해약환급금식 준비금인데, 해약공제를 하는 가장 큰 이유는 계약초기 지출한 신계약비를 회수해야 하기 때문이다.

○ 순보험료식 준비금을 $_tV$, 신계약비를 α, 납입기간을 m이라고 하면 해약환급금 $_tW$는 다음과 같다.

- $_tW = {_tV} - \dfrac{\min(m,7) - t}{\min(m,7)} \times \alpha$

□ 현재의 보험상품 심사제도는 보험회사의 자율권을 최대한 보장하고 있다.

○ 보험회사는 기초서류 작성 및 변경원칙만 충족한다면 자율적으로 보험상품을 개발하고 판매할 수 있고,

○ 보험업법상 신고기준에 해당하는 신고상품은 판매하기 30일전 감독당국에 신고한 후에 변경권고가 없다면 상품판매가 가능하다.

제7장의 연습문제

1 해약환급금은 책임준비금에서 일부를 공제한 금액인데, 이 공제액을 무엇이라고 하는가?

2 30세 피보험자가 사망시 1억원을 사망한 해의 말에 받는 종신보험에 가입하였다. 이 때 보험료납입기간이 10년, 예정신계약비가 α라면 5년 경과시점에서의 해약환급금 산출식을 구하라.

3 다음 빈칸에 알맞은 말을 채워라.

> 회사는 기초서류 작성 및 변경원칙만 충족한다면 자율적으로 보험상품을 개발하고 판매할 수 있고, (   )의 경우 판매하기 30일전 감독당국에 신고한 후에 변경권고가 없다면 상품판매가 가능하다.

4 다음 중 맞는 것에 ○표, 틀린 것에 ×표 하시오.

① 해약환급금은 항상 순보험료식 책임준비금보다 적다. (   )

② 보험계약자가 중도 해약하게 되면 보험회사가 계획된 장기투자를 할 수 없게 되므로 보험회사는 해약공제라는 패널티를 부과한다. (   )

③ 2016년 상품심사체계를 완전히 사후보고제로 전환하여 모든 상품은 사후보고를 원칙으로 하고 의무보험 등만 예외적으로 사전신고 적용 대상 상품으로 정하였다. (   )

부 록

부록 1 보험계리사 소개

　　보험계리사(actuary)는 우리나라에서 뿐만 아니라 세계 각국에서 가장 선호하는 직업중 하나이다. 실제로 미국내 모든 직업을 평가하여 순위를 메기는 U.S.News가 2019년에 꼽은 최고의 직업 중에서 보험계리사는 6위를 차지할 정도로 인기가 높다.

　　하지만, 우리나라의 경우 보험계리사가 많지 않아서 한국보험계리사

⏳ 세계 각국 보험계리사회의 logo

한국보험계리사회　　　　　　　　　미국보험계리사회

국제보험계리사회　　　캐나다보험계리사회　　　유럽보험계리사회

북미손해보험계리사회　　　북미보험계리사회　　　호주보험계리사회

영국보험계리사회　　　　　　　　일본보험계리사회

회(IAK; The Institute of Actuaries of Korea)의 자료에 의하면 2019년 8월 현재 등록되어 있는 보험계리사는 1,316명에 불과하다. 1958년 최초의 보험계리사가 탄생한 이후 60년 이상이 경과되었음에도 인원수가 이렇게 적은 것은 IMF 이전까지 우리나라의 보험시장이 폐쇄적이어서 보험계리사에 대한 수요가 적었던 것도 원인이지만, 다른 자격증과 달리 워낙 전문적인 분야여서 자격시험을 통과하는 사람들이 적었던 것도 큰 원인이었다.

보험계리사(actuary)란 수학, 통계와 기업의 경영관리에 대한 깊은 이해를 바탕으로 보험료의 산출, 책임준비금의 적립과 준비금에 해당하는 자산의 적정성, 잉여금의 배분·처리 및 보험계약자 배당금의 배분에 관한 리스크를 측정하고 관리하며, 이를 통해 경영진의 전략적 결정과 소비자의 미래를 준비하도록 도와주는 전문가이다.

보험계리사는 복잡한 재무문제에 대한 해법을 개발하고 의사소통하는 가장 인기있는 전문가이다.[1] 따라서 보험계리사는 재무적 관점에서 기업을 위해 일하므로 생명보험회사와 손해보험회사뿐만 아니라 은행과 금융투자회사, 연금사업자, 정부, 전자상거래회사, 기업리스크 관리회사, 애널리스트, 컨설팅 회사 등에서 고용하기를 원한다.

실제로 보험업법과 근로자퇴직급여보장법 등에서는 보험회사나 퇴직연금사업자로서 특정 영업을 하기 위해서는 반드시 보험계리사를 고용하도록 강제화[2]하고, 보험계리사만이 할 수 있는 고유업무를 규정함으로써 보험계리사의 전문성을 보장하고 있다.

특히, 최근 IFRS17의 시행 등을 앞두고 보험부채 시가평가 등의 전문적 업무를 수행할 수 있는 보험계리사의 수요가 급증하고 있어서 보험계

---

1) Actuaries are highly sought−after professionals who develop and communicate solutions for complex financial issues(http://www.soa.org/future−actuaries/what−is−an−actuary/).

2) 보험업법 제181조에서는 보험회사로 하여금 보험계리사를 고용하여 보험계리업무를 담당하게 하도록 하고 있으며, 퇴직급여보장법 제26조와 같은 법 시행령 제20조에서는 금융회사가 확정급여형 퇴직연금사업자로 등록하기 위해서는 보험계리사를 반드시 고용해야 한다고 정하고 있다.

리사의 품귀현상을 다음과 같은 언론기사에서 자주 볼 수 있다.

보험업계 '계리사' 품귀현상 ··· 틈새시장 공략 · IFRS17 대비하려면 세 배로 늘어야[3]

"당장 합격자 수가 두세 배 늘어도 전부 채용될 겁니다." 한 현직 보험계리사의 이야기다. 지난해 말 기준 국내 보험사에서 근무하는 보험계리사 수는 976명으로 집계됐다. 그런데 생명보험협회 · 손해보험협회의 추산에 따르면 보험 시장 트렌드의 변화와 새로운 회계기준 등을 감안했을 때 이 숫자가 3,000명까지 늘어나야 한다는 전망이다. 언뜻 과장된 수치처럼 보이지만 현직 계리사들은 "충분히 근거 있는 전망"이라고 말한다. 실제로 보험사들은 아직 정식 계리사가 아닌 1차 합격자를 채용해 2차 시험 준비를 뒷바라지할 만큼 계리사 모시기에 공을 들이고 있다.

급작스럽게 더 많은 계리사가 필요해진 이유는 우선 새로운 상품 개발이 늘었기 때문이다. 보험 시장이 포화되면서 틈새시장을 공략해야 할 필요성이 절실해졌고, 저축성보다는 보장성 보험이 집중적으로 출시되고 있다. 그리고 이 같은 상품 개발 업무는 계리사들의 손에서 출발한다. 이들은 통계 자료 등을 참고해 새로운 보험 상품을 개발하기에 앞서 어떤 리스크가 발생할 수 있는지, 이를 감안해 수지를 맞추려면 얼마의 보험료를 책정해야 하는지를 계산해 상품 개발에 반영한다. 예를 들어 요즘처럼 저출산 · 고령화 등 인구 구조의 변화와 관련된 통계를 기반으로 시장의 수요와 수익성을 감안해 치매 보험, 유병자 보험, 간병비 지원 보험을 개발한다.

당연히 계리사가 많을수록 다양한 분야의 통계를 들여다보고 더 많은 상품을 기획할 수 있다. 한 보험사 관계자는 "계리사가 적은 회사에서는 트렌드 변화에 빠르게 대응하는 상품을 적시에 내놓기도 어렵다"고 설명했다. 상품 경쟁력이 계리사 숫자에서부터 갈리는 셈이다.

앞으로의 보험금 지급을 위해 쌓아둬야 하는 책임준비금을 산출하고 각 보험사의 지급여력(RBC) 비율을 계산 · 예측하는 '밸류에이션' 업무도 계리사들

---

3) 출처: 서울경제, "보험업계 '계리사' 품귀현상 ··· 틈새시장 공략 · IFRS17 대비하려면 세 배로 늘어야", https://www.sedaily.com/NewsView/1VN05UOCTS, 2019.08.17, 08 : 00 : 01.

의 몫이다. 특히 2022년 새로 도입될 국제보험회계기준(IFRS17) 때문에 보험사들은 발등에 불이 떨어졌다. IFRS17는 자산은 시가, 부채는 원가로 평가했던 이전 회계 제도와 달리 부채도 시가로 평가한다. 이 작업을 위해선 앞으로 지급해야 할 보험료가 얼마인지를 일일이 다시 계산해 현재 가치로 환산해야 한다.

한 대형보험사 계리사는 "IFRS17은 기존의 계리 작업보다 훨씬 복잡하고 요구되는 지식 수준도 높다"며 "IFRS17을 준비하는 업무뿐만 아니라 이와 관련된 시스템 개발, IFRS17 도입 후의 회계감사 업무 등도 모두 계리사가 필요하다"고 설명했다. 이 계리사는 또 "앞으로 계리사 3,000명이 필요할 것이란 전망이 맞을 것으로 본다"고 덧붙였다.

보험업계는 이미 계리사 모시기에 혈안이 돼 있다. 한화생명은 자사 직원이 보험계리사 시험에 응시할 경우 4주 동안 업무에서 벗어나 시험공부에 전념할 수 있도록 하고 강의료도 지원해 준다. 다른 보험사들도 비슷한 제도를 운영 중이다. 채용 과정에서의 우대는 물론이다. 계리사 자격증 보유자, 혹은 1차 시험까지만 합격했더라도 가산점이 붙는다. 현대해상은 계리사 시험 1차 합격자를 채용해 2차 시험 '뒷바라지'를 도맡는다. 2차 시험이 다가오면 2주 동안 회사 연수원에서 합숙하며 시험 준비를 할 수 있도록 하고, 교육비와 교재비·응시료 등도 실비 지원한다. 각 사마다 금액은 다르지만 계리사 자격증 보유자의 연봉에는 '계리사 수당'도 포함되기 때문에 비슷한 연차의 일반 직원들보다는 연봉도 높은 편이다.

그럼에도 여전히 계리사 '공급'은 한정돼 있어 스카우트 경쟁도 치열한 것으로 알려졌다. 금융감독원에 따르면 지난해 말 국내 계리사 수는 약 1,300명, 이 중 보험업계에서 근무하는 계리사의 수는 총 976명이다. 매년 계리사 시험 지원자 수는 1,000명이 넘지만 최종 합격자 수는 연 140명 안팎에 불과해 당장 계리사 채용을 늘리기엔 한계가 분명하다.

그나마 올해부터 금융당국이 계리사 시험의 문턱을 낮춰놓은 상황이다. 금융위원회와 금융감독원은 IFRS17에 대비해 계리사 인력이 충분히 공급될 수 있도록 한다는 취지에서 올해부터 2차 시험 과목별 합격점수 인정기간을 늘리고 1차 시험 면제 가능한 경력인정기관을 확대하는 등 개선안을 시행했다. 보험업계에서는 시장의 변화와 IFRS17 외에도 계리사 수요가 증가할 여지가 많아 앞으로 최소한 10년, 20년 계리사 품귀현상이 이어질 것으로 보고 있다. 예를 들어 선진국에서 그랬듯 국민연금 같은 공적기금 부문에서도 계리사 수요가 증가할 것이란 전망이다.

한편, 한국보험계리사회는 보험계리사를 "보험 및 금융의 불확실성을 관리하는 문제해결 전문가"라고 소개하면서 보험·금융 상품의 개발부터 각종 통계분석을 통한 경영지표 제시까지 보험회사의 업무를 소개하고 있다. 또한 보험, 연금, 경영 및 감독 등으로 보험계리사가 근무하고 있는 분야를 다음과 같이 홈페이지(http://www.actaury.or.kr)에서 소개하고 있다.

보험계리사란

계리(計理)란?

보험료 산출 및 책임준비금 계상의 적정성을 확인하는 등 위험보장 등과 관련하여 보험회사가 수입하거나 적립하는 금액을 통계적·수리적 방법으로 계산하거나 평가하는 행위를 말합니다.

보험계리사란

▣ 보험 및 금융의 불확실성을 관리하는 문제해결 전문가

- 계리사는 미래에 다가올 보험 및 금융 문제를 예측하고, 해결 방안을 도출합니다.
- 계리사는 수학·통계적 분석을 활용하여 기업의 경영활동을 지원하고 미래의 불확실성을 최소화합니다.

▣ 보험계리사의 역량 및 역할

우리 사회의 직면한 복잡한 불확실성을 관리하기 위해서는 문제를 분석하는 능력, 경영 전반에 대한 지식, 인간의 행동 패턴에 대한 이해 등의 역량이 필요합니다.

계리사는 이러한 역량을 바탕으로 다음과 같은 다양한 업무를 수행합니다.

❶ 보험·금융 상품의 기획 및 개발
❷ 수리·통계적 기법을 활용한 보험료 산출 및 준비금 적립
❸ 손익의 원인 분석 및 평가를 통해 잉여금의 합리적 배분
❹ 보험계약의 미래현금 흐름 예측을 통한 전사적 경영 관리(사업계획, 경영전략, 위험관리, 부채/손익 관리 등)
❺ IAA, ACC 등 국제기관과의 협업을 통해서 합리적인 계리제도 정립
❻ 리스크 관리 기법의 개발 및 평가를 통해 경영의 건전성 및 합리성 측정
❼ 금융·경제의 급격한 변동을 감안한 재무 건전성 태스트 및 관리
❽ 보험 관련 업무 처리 기준 설정
❾ 각종 통계분석을 통한 경영지표 제시

보험계리사란

▣ 보험분야와 보험계리사

1. 보험 운영의 기초인 예정이율, 예정위험율, 예정사업비율 등 보험에서 사용되는 제반 기본 이율에 관한 사항
2. 보험료 계산 및 해약환급금의 계산에 관한 사항
3. 책임준비금, 비상위험준비금 등 제 준비금의 계산 및 평가에 관한 사항
4. 재보험의 최적보유율(Retention)의 결정과 초과 재보험의 요율 검토
5. 잉여금의 합리적인 배분 및 계약자배당에 관한 사항
6. 보험회사의 지급여력에 관한 사항
7. 재무건전성 및 경영의 합리성을 도모하기 위해서 기획, 영업, 투·융자 등의 분야에 대한 방향 제시
8. 보험계약의 정정 및 변경에 대한 수리적인 계산에 관한 사항
9. 기타 보험수리상 관련되는 제반사항

▣ 연금분야와 보험계리사

1. 연금수리의 기초적인 기초율(예정 퇴직율, 예정 승급율, 예정 탈퇴율, 예정 급여 상승률 등)의 예측 및 산정
2. 연금제도의 설계

3. 연금재정의 운영 및 평가
4. 연금수리 및 연금재정의 안전성 검토
5. 연금제도의 세무 및 회계
6. 기타 제반 통계 분석

▣ 보험경영과 보험계리사

보험계리사는 상품개발을 통해 상품가격의 원가에 대한 정확한 흐름을 파악하고 있어, 리스크의 사전 예측 및 관리가 가능하기 때문에 재무 건전성을 평가하는 리스크 관리 전문인으로 역할을 할 수 있습니다. 경영의 건전성 및 합리성에 대한 방향 설정을 제시함으로써 보험이나 연금 분야에 있어서의 계리사의 활동은 비약적으로 확대될 것입니다.

▣ 정부 및 감독관련기관과 보험계리사

보험계리사는 국제화, 자유화의 흐름으로 경영의 투명성, 합리성 및 건전성이 요구됨에 따라 보험이나 연금제도의 건전한 발전을 위한 제반 정책방향에 대하여 정부 및 감독기관과의 상호 의견교환의 기회가 증대될 것입니다.

왜냐하면 보험계리사는 확률, 보험수리 통계의 전문적인 지식을 가진 전문가로서 보험 및 연금제도의 근원인 불확실한 사상을 합리적으로 예측, 분석 및 평가하여 보험 가격의 결정에서부터 보험판매의 운용 방향 및 투·융자를 통한 분석의 평가 등을 통해서 리스크 관리 분석 및 방향, 재무 건전성에 대한 제도 수립 및 운영, 손익분석 및 잉여금의 배분에 대한 제도 수립 등을 종합적으로 관리할 수 있기 때문입니다.

부록 2 국제계리기호 일람표

■ 이자론

기 호	영문 명칭	한글 명칭
$a(t)$	accumulation function	누적함수(또는 단위종가함수)
$a^{-1}(t)$	discount function	단위현가함수
i	interest rate	이자율
$i^{(m)}$	nominal annual rate of interest	명목이자율
s_t	spot rate of interest	현물이자율
$f_{t,k}$	forward rate of interest	선물이자율
v	discount factor	할인요소(또는 현가율)
d	rate of discount	할인율
$\ddot{a}_{\overline{n}\rceil}$	annuity certain－due	기시급 확정기간연금
$a_{\overline{n}\rceil}$	annuity certain－immediate	기말급 확정기간연금

■ 위험률

기 호	영문 명칭	한글 명칭
p_x	survival rate	생존율
q_x	mortality rate	사망률
l_x	survivors	x세 생존자 수
d_x	the number of death	x세 생존자 중 $x+1$세가 되기 전에 죽은 사망자 수
e_x	curtate expected future lifespan at age x	정수 기대여명
e_x^o	complete expected future lifespan at age x	완전 기대여명
ω	limit of life	사망시 연령
μ_x	force of mortality	사력

▣ 생명보험

기 호	영문 명칭	한글 명칭
A_x	whole life insurance	종신보험
$A^1_{x:\overline{n}}$	term insurance	n년 정기보험
$A_{x:\overline{n}}^{\;\;1}$	pure endowment	생존보험
$A_{x:\overline{n}}$	endowment	생사혼합보험(양로보험)
$_{m|}A_x$	deferred insurance	m년 거치 종신보험

▣ 연금보험

기 호	영문 명칭	한글 명칭
$\ddot{a}_x$	whole life annuity−due	기시급 종신연금
a_x	whole life annuity immediate	기말급 종신연금
$\ddot{a}_{x:\overline{n}}$	temporary life annuity−due	기시급 n년 정기연금
$a_{x:\overline{n}}$	temporary life annuity immediate	기말급 n년 정기연금
$_{m|}\ddot{a}_x$	deferred annuity−due	기시급 m년거치 종신연금
$_{m|}a_x$	deferred annuity immediate	기말급 m년거치 종신연금

▣ 보험료와 책임준비금

상품명	연납순보험료	준비금
종신보험	P_x	$_tV_x = A_{x+k} - P_x \times \ddot{a}_{x+k}$
정기보험	$P^1_{x:\overline{n}}$	$_tV^1_{x:\overline{n}} = A^1_{x+k:\overline{n-k}} - P^1_{x:\overline{n}} \times \ddot{a}_{x+k:\overline{n-k}}$
생존보험	$P_{x:\overline{n}}^{\;\;1}$	$_tV_{x:\overline{n}}^{\;\;1} = A_{x+k:\overline{n-k}}^{\;\;\;\;\;\;1} - P_{x:\overline{n}}^{\;\;1} \times \ddot{a}_{x+k:\overline{n-k}}$
양로보험	$P_{x:\overline{n}}$	$_tV_{x:\overline{n}} = A_{x+k:\overline{n-k}} - P_{x:\overline{n}} \times \ddot{a}_{x+k:\overline{n-k}}$

부록 3 · 연습문제 정답 및 해설

제1장 이자론

1. 이자

2. 이자

3. 각각 2만원

> 🔑 단리는 원금 100만원에 대해서만 2%의 이자가 발생하므로 2020년과 2021년에 발생하는 이자는 동일하게 2만원이다.

4. 0%

> 🔑 $$\frac{1}{(1+i)^3} + 1 = \frac{2}{(1+i)^3}$$
>
> 이 식을 만족하는 이자율 i 는 0이다.

5. 2만원과 2만 400원

> 🔑 1년 경과시 이자: 100만원×2% = 2만원
>
> 2년 경과시 이자: (100만원+2만원)×2% = 2만 400원

6. 121만원

> 🔑 110만원이 1년간 투자된 것이므로, 110만원 × (1 + 10%)인 121만원이다.
>
> 한편, 110만원의 현재가치인 100만원의 2년후 종가로 볼 수도 있으므로 100만원 × (1 + 10%) × (1 + 10%)인 121만원으로 계산할 수도 있다.

7. 29만 4천원

> 🔑 1차년 초: 10만원
>
> 2차년 초: $\dfrac{10}{1.02} \simeq 9.8$ 만원
>
> 3차년 초: $\dfrac{10}{1 + 0.02^2} \simeq 9.6$ 만원

8. 0.5%

> 🔑 실질이자율 = 명목이자율 2% − 물가상승률 1.5% = 0.5%

9. 8.3%

$$\frac{2 \times 투자수익 10}{기초자산 100 + 기말자산 150 - 투자수익 10} = \frac{20}{240} \simeq 8.3\%$$

10. 약 5%

1년 동안 현물이자율 s_1 로 부리한 이후 1년후 2년간 선물이자율 $f_{1,2}$ 로 부리한 것은 3년 동안 현물이자율 s_3 으로 부리한 것과 같다. 즉,

$$(1+s_1) \times (1+f_{1,2})^2 = (1+s_3)^3$$

따라서, $(1+f_{1,2}) = \sqrt{\dfrac{1.04^3}{1.02}} \simeq 1.05$

11.

① ○

② ○

③ ○

④ ×

1년 미만의 구간에서는 단리이자가 복리이자보다 많다.

⑤ ×

단리의 경우 이자율 2%, 4%, 8%로 2배씩 늘어날 때, 이 이자율로 투자된 금액도 각각 2배씩 늘어나지만, 복리의 경우에는 이보다 훨씬 빠르게, 즉 기하급수적으로 증가한다.

⑥ ×

이자율이 증가하면 확정기간연금의 가치는 감소한다.

⑦ ×

명목이자율은 시장에서 흔히 통용되는 이자율이고, 실질이자율은 물가상승률을 고려한 이자율이다.

⑧ ×

수익률을 계산하는 방법은 하디수익률, 내부수익률(IRR), 순수익률 등으로 다양하다.

⑨ ○

⑩ ○

위험률

1. 리스크

2. 생명표

3. 순수리스크

4. $\dfrac{1}{9} \simeq 11.1\%$

   주어진 조건으로 다음을 알 수 있다.

   $_{60}p_0 = {}_{30}p_0 \times {}_{30}p_{30} = 0.8$

   $_{20}p_0 = 0.9$

   그런데, 다음 식이 항상 성립하므로 이를 이용하면 $_{40}p_{20}$을 구할 수 있다.

   $_{60}p_0 = {}_{20}p_0 \times {}_{40}p_{20}$

5. $_n p_x$

   $_{n|}p_x + {}_{n|}q_x = {}_np_x \times p_{x+n} + {}_np_x \times q_{x+n} = {}_np_x$

6. 2%

   $p_{50} \times q_{51} = \dfrac{l_{51}}{l_{50}} \times \dfrac{d_{51}}{l_{51}} = \dfrac{490}{500} \times \dfrac{10}{490} = 2\%$

7. $\dfrac{1}{60} \simeq 1.7\%$

   $_{10|}q_{40} = \dfrac{l_{50} - l_{51}}{l_{40}} = \dfrac{500 - 490}{600} = \dfrac{1}{60}$

8. $\Pr[K(x) = k] = \Pr[k \le T(x) < k+1]$

   $$= \dfrac{l_{x+k} - l_{x+k+1}}{l_x}$$

   $$= \dfrac{l_{x+k}}{l_x} \times \dfrac{d_{x+k}}{l_{x+k}} = {}_kp_x \times q_{x+k}$$

9. $1 + e_x$

   $q_x + p_x(1 + q_{x+1}) + {}_2p_x(1 + q_{x+2}) + \cdots$

   $= (q_x + {}_{1|}q_x + {}_{2|}q_x + \cdots) + (p_x + {}_2p_x + {}_3p_x + \cdots)$

   $= 1 + e_x$

10. 99.898%

🔧 $_2p_{30} = p_{30} \times p_{31} = (1-q_{30}) \times (1-q_{31})$

$$= (1-0.00051) \times (1-0.00051)$$

$$\simeq 0.99898$$

11.

① ○

② ○

③ ○

④ ×

🔧 0세인 신생아의 기대여명을 기대수명이라고 한다.

⑤ ×

🔧 기대여명은 장래생존기간의 기댓값이므로 연령이 증가할수록 줄어들게 된다.

⑥ ×

🔧 보험은 도덕적 해이가 적어서 우연한 사고로 손실이 발생하였을 때 손실을 보다 정확히 예측할 수 있는 순수리스크만을 대상으로 한다.

⑦ ○

🔧 40세 남성 사망자수 = 40세 남성 수 100명 − 41세 남성 수 90명

$$= 10명$$

따라서 사망률 = 사망자수 10명 ÷ 40세 남성 수 100명 = 10%

⑧ ×

🔧 1976년 한국보험계리사회가 경제기획원 조사통계국의 1970년 국민생명표를 보정한 최초의 생명표를 작성하여 보험료 산출에 사용하였다.

⑨ ○

⑩ ×

🔧 변동성 리스크는 집단화(pooling)를 통해 헤징(hedging) 가능하지만, 가입자들의 여명이 보험회사가 예측했던 것보다 추세적으로 증가할 경우에는 보험회사가 예상보다 많은 연금액을 지출해야 하므로 집단화로 대비할 수 없다.

제3장 생명보험

1. $A_{35:\overline{25|}}^{1} = \dfrac{D_{60}}{D_{35}}$

2. $A_{35:\overline{25|}}^{1} = \dfrac{M_{35} - M_{60}}{D_{35}}$

3. $5 \times A_{35} = \dfrac{5 \times M_{35}}{D_{35}}$

4. 5

> $C_x = d_x \times v^{x+1} = (l_x - l_{x+1}) \times v^{x+1}$
>
> $\qquad\qquad = D_x \times v - D_{x+1}$

5. $\dfrac{10C_x + 10C_{x+1} + 8C_{x+2} + 8C_{x+3} + 6C_{x+4}}{D_x}$

6. 0.14

> $A_{30:\overline{20|}}^{1} = A_{30:\overline{20|}} - A_{30:\overline{20|}}^{1}$

7. 0.5

> $A_{30} = A_{30:\overline{20|}}^{1} + A_{30:\overline{20|}}^{1} \times A_{50}$
>
> $\qquad = A_{30:\overline{20|}}^{1} + (A_{30:\overline{20|}} - A_{30:\overline{20|}}^{1}) \times A_{50}$

8. $\dfrac{q}{i+q}$

> $A_x = \displaystyle\sum_{k=0}^{\infty} v^{k+1} \times {}_{k|}q_x = \sum \left(\dfrac{1}{1+i}\right)^{k+1} \times q \times (1-q)^k$
>
> $\qquad\qquad = \dfrac{q}{1+i} \times \sum \left(\dfrac{1-q}{1+i}\right)^k$
>
> $\qquad\qquad = \dfrac{q}{1+i} \times \dfrac{1}{1 - \dfrac{1-q}{1+i}} = \dfrac{q}{i+q}$

9. $1 - a^{30}$

$$A^1_{x:\overline{30|}} = \sum_{k=0}^{29} v^{k+1} \times {}_{k|}q_x = \sum 1 \times (1-a) \times a^k$$

$$= (1-a) \times \frac{1-a^{30}}{1-a} = 1 - a^{30}$$

10. 10원

$$NSP = 110 \times \frac{1}{1+10\%} \times (1 - 90\%) = 10$$

11.

① ○

② ×

  제3보험은 손해보험회사와 생명보험회사가 같이 판매한다.

③ ×

  연생보험을 통해 부부가 동시에 피보험자가 될 수 있다.

④ ×

  다른 조건이 같다면 정기보험의 순보험료와 생존보험의 순보험료를 합한 것은 양로보험의 순보험료와 같다.

⑤ ×

  생명보험은 일반적으로 정액보상을 하고 그 보험금은 보험가입금액이다.

⑥ ×

  보험계약 체결후 보험계약자는 보험료를 납입하고 보험회사는 보험사고가 발생했을 때 보험금을 지급한다.

⑦ ○

⑧ ○

⑨ ×

  수지상등의 원칙이란 보험계약 체결시점에 보험료 수입의 현재가치와 지급보험금의 현재가치가 같다는 것을 말한다.

⑩ ○

제4장 연금보험

1. pension은 근로를 통해 더 이상 정기적인 근로소득을 얻을 수 없는 상태일 때 지급되는 정기적 현금급여(cash benefits)를 말하고, annuity는 급여(benefits)를 지급하는 하나의 방법으로서 일정기간 또는 생존기간 동안 정해진 주기마다 지급되는 현금흐름을 말한다.

2. 확정급여형 퇴직연금제도

3. 생애주기이론

4. 확정기간연금은 미리 정해진 주기에 따라 일정금액이 지급되는 현금흐름으로 연금 수령자의 생존여부와 무관하게 무조건 지급되는 연금이고, 생명연금은 연금 수령자의 생존을 연금 지급의 전제조건으로 하여 현금흐름이 발생하는 연금이다.

5. $\ddot{a}_{35} = \dfrac{N_{35}}{D_{35}}$

6. $\ddot{a}_{35:\overline{25|}} = \dfrac{N_{35} - N_{60}}{D_{35}}$

7. 1

   $\ddot{a}_x = 1 + a_x$

8. 12.04

   $\ddot{a}_x^* = 1 + v \times p_x^* \times \ddot{a}_{x+1}$

   $= 1 + v \times p_x^* \times \dfrac{\ddot{a}_x - 1}{v \times p_x}$

   $= 1 + \dfrac{1 - 0.05}{1 - 0.01} \times (12.5 - 1) \simeq 12.04$

9. 0.025

   $\ddot{a}_{40:\overline{10|}} = 1 + v \times (1 - q_{40}) \times \ddot{a}_{41:\overline{9|}}$

10. $\ddot{a}_{\overline{10|}} + A_{x:\frac{1}{10|}} \times \ddot{a}_{x+10}$

11.

① ○

② ○

③ ×

🔧 확정급여형 퇴직연금제도는 근로자가 퇴직시 받을 퇴직급여가 근무기간과 평균임금에 의해 사전에 확정되어 있는 제도인데, 기업이 적립금을 직접 운용하고 그 리스크를 전적으로 부담한다.

④ ○

⑤ ○

⑥ ○

⑦ ×

🔧 확정기간연금은 연금 수령자의 생존여부와 무관하게 확정기간 동안 연금이 지급된다.

⑧ ×

🔧 확정기간연금은 보험회사뿐만 아니라 은행이나 금융투자회사도 판매가능하다.

⑨ ○

⑩ ○

제5장 보험료 및 준비금과 연금채무

1. 수지상등

2. 자연보험료는 매번 산출주기마다 그 해의 리스크 크기에 따라 산출하는 보험료이고, 평준보험료는 자연보험료를 보험기간 전체에 걸쳐 평준화한 보험료이다.

3. 책임준비금(보험료적립금)

4. 1백만원

🔧 연납평준순보험료 $\times \ddot{a}_{40} = 2$천만원

5. $\dfrac{5 \times M_{35}}{N_{35} - N_{60}}$

👆 보험료를 π라고 하고 수지상등의 원칙을 적용하면 다음 식을 구할 수 있다.

$$\pi \times (N_{35} - N_{60}) = 5 \times M_{35}$$

이 식을 풀면,

$$\pi = \frac{5 \times M_{35}}{N_{35} - N_{60}}$$

6. $\dfrac{5 \times M_{45}}{D_{45}} - \dfrac{5 \times M_{35}}{N_{35} - N_{60}} \times \dfrac{N_{45} - N_{60}}{D_{45}}$

👆 $_{10}V = \dfrac{5 \times M_{45}}{D_{45}} - \pi \times \dfrac{N_{45} - N_{60}}{D_{45}}$

$$= \frac{5 \times M_{45}}{D_{45}} - \frac{5 \times M_{35}}{N_{35} - N_{60}} \times \frac{N_{45} - N_{60}}{D_{45}}$$

7. 10만원

👆 보험료를 π라고 하고 수지상등의 원칙을 적용하면 다음 식을 구할 수 있다.

$$\pi \times (N_{40} - N_{60}) = 100{,}000{,}000 \times (M_{40} - M_{60})$$

8. 적립비율

9. 1,569만원

👆 근무년수는 25년이므로 퇴직급여 일시금은 임금인상률을 적용하면 다음과 같이 계산된다.

$$500 \times (1 + 5\%)^2 \times 25 \simeq 13{,}781$$

이 퇴직급여 일시금을 연금재원으로 하여 연금을 구입할 때, 매년초에 받게 되는 연금연액 a는 다음식을 풀면 구해진다.

$$13{,}781 = a \times \ddot{a}_{\overline{10|}} = a \times \frac{1 - v^{10}}{1 - v}$$

10. 연금채무 3,058만원, 표준부담금 204만원

👆 정년 이전인 53세와 54세에서 퇴직이 없고 55세에서만 퇴직이 있으므로 연금 채무 AL_{53}은 다음과 같다.

$$AL_{53} = 0 + 0 + 200 \times \left(\frac{1 + 5\%}{1 + 3\%}\right)^2 \times 15$$
$$= 3{,}058$$

표준부담금은 할당된 1-unit이므로 다음과 같다.

$$NC_{53} = \frac{3,058}{15} \simeq 204$$

11.

① ○

② ○

③ ○

④ ×

    👤 책임준비금이 부족할 때 보험회사의 주주도 그 부족금액을 책임져야 한다.

⑤ ×

    👤 손익계산서의 책임준비금전입액은 부채의 증가이므로 보험회사의 손실로 인식된다.

⑥ ×

    👤 지급준비금은 발생주의 회계를 적용함에 따라 발생한다.

⑦ ○

⑧ ×

    👤 우리나라의 퇴직연금부채 평가방법은 예측급여채무(PBO)이고 완전적립방식이다.

⑨ ○

⑩ ○

제6장 지급능력과 IFRS17

1. 지급여력

2. 지급여력제도

3. RBC비율 $= \dfrac{\text{가용자본}}{\text{요구자본}} \times 100$

4. 보험위험

5. 원가

6. 감독회계는 감독당국이 보험계약자 보호 등을 목적으로 하는 회계이고,

국제보험회계는 일반 투자자에게 일반적인 정보를 제공하기 위한 목적의 회계이다.

7. 기대 현금흐름을 추정할 때 순보험료가 아닌 영업보험료보험료를 사용한 다. 보험회사가 보험금을 지급하고 계약을 관리하는 등 보험계약을 이행 하는 과정에서 발생하는 현금흐름에는 판매수수료, 계약관리비, 인건비 등의 사업비가 유출항목에 포함되므로, 이에 대응하여 보험료 수입은 순 보험료가 아닌 영업보험료인 것이다.

8. 위험조정

9. 보험계약마진

10. 최저보증옵션이 있는 변액보험 등에서 평가성 준비금인 변액보험 보증 준비금의 경우 시장이자율에 민감한 영향을 받게 되므로 저금리 하에서 급증하게 된다.

11.

① ○

② ×

   🖐 현행 우리나라 회계제도는 보험부채를 원가평가하고 있다.

③ ×

   🖐 보험위험액, 금리위험액, 시장위험액, 신용위험액 및 운영위험액 등 5가지로 분류된다.

④ ×

   🖐 보험회사는 자산운용상 장기채권의 비중이 높은데, 금리하락시 공정가치로 평가되는 자산만 가치가 증가하여 장부가에 반영되는 반면 원가평가된 부채 의 가치는 고정되므로 자산과 부채간 평가방식이 불일치가 RBC비율의 금리 민감도를 매우 높게 만든다.

⑤ ×

   🖐 일반적으로 감독회계와 일반회계는 목적이 상이하므로 세부적인 준비금 평가 방법이 상이할 수 있다.

⑥ ×

   🖐 IFRS17에서 현금흐름 추정시 현금유출항목에 판매수수료, 계약관리비, 인건 비 등의 사업비를 포함한다.

⑦ ×

🙋 IFRS17에서 할인율은 결산시점의 시장이자율이다.

⑧ ×

🙋 보험계약기간 동안 점진적으로 상각하여 이익으로 인식하는 것은 보험계약마진이다.

⑨ ○

⑩ ×

🙋 결산시점으로 현행추정율을 재산출하여 적용한다.

제7장 **기타 보험계리 이슈**

1. 해약공제액

2. $_5W = 1억원 \times _5V_{30} - \dfrac{2}{7} \times \alpha$

🙋 상각기간은 7년과 보험료납입기간 10년 중 적은 값으로 정하므로 7년이 되고, 5년이 경과하였으므로 남은 기간은 2년이므로 해약공제액은 상각되지 않고 남아있는 α의 $\dfrac{2}{7}$이다.

3. 신고상품

4. ① ×

🙋 신계약비 상각기간이 지난 이후에는 해약공제가 되지 않으므로 해약환급금은 순보험료식 책임준비금과 동일한 값이다.

② ○

③ ○

Index 찾아보기

저자약력

김호균(Hokyun KIM)

서울대학교 수학과 학사
한양대학교 경영학과 석사(금융보험전공)
경희대학교 경영학과 박사(연금금융전공)
보험계리사(FIAK)
(現) 한국보험계리사회 퇴직연금분과 위원
(現) 금융감독원 책임준비금 검사 전문감독관
(現) 성균관대학교 대학원 보험계리학과 겸임교수

성주호(Joo-Ho SUNG)

서울대학교 계산통계학과 학사, 통계학 석사
Cass Business School, City, University of London, 금융보험학 박사
보험계리사(FIAK), 연금전문계리사(PAK)
(現) 한국보험계리사회 이사
(現) 경희대학교 경영대학 교수

알기 쉬운 보험 · 연금수리학

2020년 1월 10일 초판 인쇄
2020년 3월 15일 초판 2쇄 발행

저 자 김 호 균 · 성 주 호
발행인 배 효 선

발행처 도서출판 法 文 社

주 소 10881 경기도 파주시 회동길 37-29
등 록 1957년 12월 12일 제2-76호(윤)
전 화 031-955-6500~6, 팩 스 031-955-6525
e-mail(영업) : bms@bobmunsa.co.kr
     (편집) : edit66@bobmunsa.co.kr
홈페이지 http://www.bobmunsa.co.kr

조 판 광 진 사

정가 19,000원   ISBN 978-89-18-91070-3